考狀元到公務員

沈啟的民航奇緣

沈啟 著

目錄

貳 案例篇

參 團隊篇

目錄

陸 生活篇

附錄

【自序】

好事成雙

一〇二年九月二十四日至十月四日是我永生難忘的一段輝煌喜悅的日子，兩件對我而言極為重要的大事居然一起發生，真是好事成雙，但是也因行程的安排，讓我煞費苦心。

記得那年九月十二日前後，接到交通部的消息，要我率團參加在蒙特婁舉辦的國際民航組織（International Civil Aviation Organization，即簡稱ICAO）的三十八屆（三年一次）大會，期待很久很久的美夢居然成真，真令人喜出望外！長期以來，由於我國外交處境艱困，政府多年努力，始終未能如願，這次ICAO大會能特別以主席特邀貴賓的方式邀請我國出席，並允許臺灣代表團和記

102年10月2日在ICAO與民航局共同奮鬥夥伴合影

者進入旁聽，真是太開心了！

102年9月29日喬出時間飛回台北參加小兒子的婚禮，再飛回ICAO會場

但是，困擾我的是：對我人生同樣重要的小兒子世翔的婚宴已訂在九月二十九日中午舉行，這是好幾個月前決定的日子，喜帖也已發出了，不可能更改。沒想到這個突然出國開會的命令，打亂了原有的規劃。由於這是四十年來首次參加ICAO大會，大家都想多了解ICAO的運作，並對相關議題做更多的功課，出席一些與友邦代表的活動，結交更多的朋友，一定要全程參與會議，到十月初才能返國。小兒子的婚宴是一生才一次，如果不出席，即使兒子媳婦都諒解，自己都會覺得遺憾一輩子。內心掙扎了好半天，也跟先生商量ABC各種方案，A方案用遠端視訊連線，B方案在蒙特婁請同仁喝杯飲料慶祝一番，C方案做個我的人形立牌代表參加。不論用什麼方案，在婚禮現場主婚人的缺席畢竟是一件萬

不得已的選擇，這時我心中真正體會到國事和家事有時確實難以兩全，唉呀，為什麼就這麼湊巧呢？

一時之間，陷入了兩難的決定，以公務的角度，臺灣非常難得在一個聯合國之下的組織參與開會，絕對要掌握這個機會；而從家庭這一面，如果因此錯過出席兒子的喜宴，實在難以交代。也許是老天的幫忙，或許也是因為我對於困難的抉擇一向樂觀以對，盡量設法克服，不輕易放棄，在出發前最後一刻，我找到了方法讓國事家事可以兩全，沒有留下遺憾。

在我高三那年，聯考前兩個月爸爸因病過世，我強忍著悲痛的心準備考試，可能是父親在天之靈的庇祐，沒想到一舉考得狀元，社會組榜首。一從臺大畢業，我因緣際會考進民航局擔任飛航管制員，此後的四十三年如一日，忠心耿耿地堅守崗位，歷任許多職務，每一階段都開心赴任，投入熱情和精力；雖常因個性直率偶會頂撞上司，但他們都能寬宏大量不吝拔擢，在此要特別的感謝。

綜觀公職四十餘年，我經歷公務體系愈來愈繁雜，工作任重道遠。但社會上仍有很多人對於公務員還是有著難以改變的刻板印象，認為很多公務員上班總是喝茶看報閒閒沒事坐領薪水，事實是很多公務員都非常努力積極任事，也始終懷著服務別人的心，想對社會國家有一點貢獻。

回想爸爸為我取的單名『啟』，應該是期許我很多方面成為開啟者。退休後出版這本書，是希望從個人生涯經驗的回顧，能給年輕一代的政府公務人員一些建議和參考，也讓更多的人對很多與我一樣的公僕多一點了解。書中收錄我自己在職場中覺得對人生很重要的觀念和方法，或許也能幫助讀者開拓視野，但請千萬不要學我的直率吧！後果可是你自己要負責的呦！

【書序一】

天空之城的守護者

理律法律事務所所長／法學教授
陳長文

如果用「天空之城」來形容民航的工作，我想，沈啟局長就是這天空之城的「老鷹之眼」。就如同書中對沈局長從事民航工作的形容：「民航局管轄的是無邊無際的天空安全，守護旅人是民航局的頭號任務……必須深入用全新的眼光『偵察』，了解其他的國家是如何改善與革新。」

沈啟就是用這種「偵察者」、「女偵探」的精神，跑遍各地的航空站、塔臺、氣象臺、助航電臺。一點一滴地，為國家吸取知識，建構了更安全的飛航環境。

所以，沈局長又可以說是一位「隱形的守護者」，用她的積極、熱情與專業知識，默默保護著在天空之城飛翔來去的旅人安全。

沈啟是民航局第一位女性局長，記得她初上任局長時，理律代理的美商洛克希德公司和民航局有民事訴訟繫屬我國法院數十年未決。美商希望和民航局談和解之可行性，我出面和沈局長聯絡見面事宜才初相識。雖然最後雙方未能達成協議，但我卻對沈局長沈穩不官僚、幹練不推諉的處事風格，留下深刻印象。

「從聯考狀元到公務員」，這本書不只是沈局長的傳記，因為濃縮在沈局長長達四十多年的公務生涯裡，其實也是一本台灣近代民航發展的微觀史。民國六十年，是台灣退出聯合國的一年，也是沈啟加入民航局的一年。沈啟娓娓道來，台灣由於被排於國際民航組織（ICAO），所遇到的千難萬苦，「全世界的機場、航道、機場設施、管制規定，都有統一的準則。台灣如不參與ICAO，常常無法及時知道世界各地的動向及改變。」沈啟語重心長地回憶那一段只能從二手、三手資訊中拚湊國際發展資訊的艱難歲月。

點點滴滴讀來，不只為沈局長等民航前線人員感到不捨，更為台灣艱困的國際處境感到心酸。而經過長達四十二年的努力，二〇一三年，台灣終於獲得ICAO的邀請參加，沈啟也見證了這歷史的一刻。

「當我到達蒙特婁ICAO組織的大門時，心中悲喜交加、百感交集，這是我國民航界多少年的夢…我噙著淚水，激動萬分。」沈啟記述了這一段重返ICAO的心情。

除了點帶了臺灣參與國際組織的滄桑，沈局長也回憶了民航工作的點點滴滴。空難的處理、緊急醫療專機、兩岸從包機到定期航班等等。帶領大家感受民航工作不為人知的一步一履。

而這本書又不只是民航的微觀史，就如書名一樣，這本書記述的更是沈局長的「公務員觀」以及「領導哲學」。俗話說，「人在公門好修行」，在沈啟局長身上，可以充分印證這句話。

沈局長真心誠摯地分享她的公務員觀之餘，也不避諱地以讓人不得不苦笑的小事小例，來說明公務系統中常見的本位主義。例如，一場簡單的簡報安排三個月搞不定的原因，竟只是不知該在二樓會議室辦還是三樓簡報室辦？

沈局長一針見血地指出，連身在公門的人，都有不知道找誰，求救無門的時候，對那些搞不清楚公務體系的一般民眾，不是更氣得七竅生煙了嗎？於是民眾只能質疑公務員「是腦子不好使或太不了解民間疾苦？」

對這些公務員之病，沈局長也提出了許多剴切且實用的建言。足可稱「公務員服務寶典」。而在談述其領導哲學時，沈局長也不斷地以生動活潑的例子，鮮活地告訴讀者，如何當一個好的領導者，發揮最佳的領導力。

最後，讀完本書後，我也想用一句話送給中華民國的公務員們，那是明末大思想家黃宗羲曾說的一段話：「不以一己之利為利，而使天下受其利；不以一己之害為害，而使天下釋其害。」

一個好的公務員，最需要的品質無它，就是排除本位，以同理心體察人民所需，然後戮力以赴，完成使命。沈局長用她四十多年的公務人生做到了這件事，我們希望，有更多的公務員和沈局長一樣，以此為標竿。

【書序二】

向民航界「俠女」致敬

前長榮航空公司董事長
張國煒

我也直率、敢言，在許多觀念上，我們是一致的。

沈啟，台灣民航史上首位女局長，四十三年民航資歷，曾擔任民航局各級素以男性為中心的主管，她的成績總是令人激賞。

「俠女」沈啟，治軍甚嚴，但她溫柔女人心，也重視同仁工作環境，努力為大家爭取福利，由於樂於助人，廣受大家的愛戴與支持。

政府不要阻擾我

先父長榮集團創辦人張榮發先生常說：「我不要政府幫忙，只希望政府不要阻擾我。」這句話道出許多臺灣企業家的無奈，因為在開拓國際貿易市場時，分秒必爭，以免錯失商機，但臺灣長期以來許多不合時宜的法令規章，眾多公務人員顢頇的處事態度，常讓企業束手無策，扼腕不已。

由於我是航空公司的機長，熟稔飛航實務，也因此常向沈局長抱怨臺灣各場站飛航設施硬體與技術問題，例如：臺北飛航情報區管制員過於保守，航機間隔離拉太大等；沈局長總是耐心地說明空域的限制，桃園塔臺空間及裝備不足和人員訓練的困難等等，但她也會針對問題逐步改善。另外，松山機場依 ICAO 規範無須設置跑道中心線燈，但她也依我的建議，在跑道修建時開始裝架，並在民國一〇四年十一月完成，這對飛機起降之安全助益甚大。沈局長樂於傾聽業者的聲音，並願意配合改善的態度，謹此我表達感謝之意。

102 年 6 月日 18 日長榮加入星空聯盟典禮
（左五鄭傳義、右四張國煒、左三沈啟）

一〇二年六月十八日，長榮航空正式加入星空聯盟，來自全世界七十餘位各航空公司的貴賓，專程來台參加盛大的入盟儀式。我特別邀請沈局長在儀式中致詞，她精確的說明星盟是世界三個航空聯盟中規模最大者，擁有二十八家航空公司，一千三百多個航點，飛航一百九十多個國家，旅客流量最多。她特別指出，長榮航空在一年半的時間，完成入盟八十七項規範，創下星盟成員籌備時間最短的紀錄。在籌備過程中，長榮航空選擇拋棄舊有的系統，重新建立符合星盟使用的制度，這是一項艱難的工程，在轉換系統時必須無縫接軌，不能有一絲差錯。長榮航空完成了這個嚴苛的考驗，她特別肯定當時的鄭傳義總經理所帶領的團隊，不眠不休成功達陣。這次致詞讓我很敬佩沈局長的用心與對核心關鍵的洞察力。

一〇三年三月三十一日，GE 航空集團和長榮航太科技公司，宣布合資在台成立長異發動機維修公司，主要業務是翻修 GE 航空史上銷售最快的 GEnx 引擎。我在致詞中開玩笑地說，我每次上台演講，不需帶講稿就可以侃侃而談；當沈局長上臺時，立即幽默的回嗆，她不但要帶致詞稿，還需戴老花眼鏡！此話一出現場哄堂大笑，氣氛頓時非常熱烈，接著沈局長向 GE 航空集團總裁兼執行長 Mr. David Joyce 推崇 GE 所推動六個 Sigma 理念的成就，讓 Mr. Joyce 非常開心。從這些細節就可以看出來沈局長的親民與幽默。

沈啟說她是「最不像公務員的公務員」，寫這本書的目的，是希望喚起全國公務員要打破傳統官僚體系，革除依法行政、墨守成規的思維與態度。對她的勇敢、熱忱及真誠，我由衷認同，更希望政府所有公務員都有這樣的處事態度與魄力。

服務他人的心念

沈局長的名言：「You First，他人優先」。她要求同仁要「排除自私性本位主義」的框架，以同理心、創意，來建立公務員服務他人的心念，協助民眾克服困難、解決問題，創造多贏的局面，這種為民服務的精神，真是道出了我們的心聲與期待。

政府是一個龐大的行政組織，橫向溝通本就不易，任何環節的差錯，都容易造成誤會。民航局同仁曾因細故遭到立法院誤解，沈局長以女性細膩的心思，親手做了一鍋道地的臘味飯，帶到立法院陪同大家品嚐，在讚不絕口聲中化解誤會，贏得所有委員的諒解與支持，也讓業務得以順利推動。一鍋臘味飯的故事，至今仍被大家津津樂道。

面對全球經濟不景氣，世界各國莫不奮力克服困境，渡過難關。反觀台灣，雖然各項經濟指標不斷往下修正，但政客們無視於此，仍陷入政治惡鬥中，導致政府政策空轉，企業競爭力衰退，人民信念頓挫，民心渙散，台灣已達到必須改革的臨界點。

在此，我懇切建議政府公務員一定要徹底摒棄本位主義的官僚體系，各級政府領導人應親力親為參與執行的實質面，劃清權責，落實政策目標；其次，建立公務員執行力，使之成為組織文化的核心，並形成紀律；最後，要培養優秀的人才，因為基層人員的判斷、經驗與能力，才是決定政府施政成敗的關鍵。

沈局長新書邀我寫序，主因是我也「直率」、「敢言」，在許多觀念上，我們是一致的。這本書讓我感受到她的真誠與用心，更希望全國公務員亦能有所省思。

【書序三】

我家的白朗黛

悅智全球顧問公司董事長
黃河明

現代政府已經將公務員的工作定義為公共服務。

這本書是我的愛妻沈啟的大作，剛開始她是希望記錄從事民航服務一生的經驗，後來又想到要寫公務員的心得，報導她親自體驗的案例，分享給所有的人，一方面勉勵在職的公務員後進；另一方面則希望讓社會大眾知道，政府確有一些像她一樣盡心盡力的公務員。

我和沈啟相遇於民航局，因相識、相愛而決定相守一生。我們在民國六十二年五月結婚，回想初識時，她剛考進民航局成為飛航管制員，我則是負責維護儀降設備的幫工程司。沈啟由於學習能力強，屢受重用拔擢，擔任過民航局許多職務，最後升上局長，成為我國第一位女性民航局長，在國際上也是很少見的高階女性航空管理主管，頗有些名氣。沈啟聰明能幹、做事積極認真、個性則爽朗直率，由於反應快又求好心切，有時也顯得性急而不近情理。幸虧她本性善良、關心別人，願意扛責任，又常做出老大姊照顧弟妹般的事情；要求屬下嚴格，但也很注意他們的成長和福利，所以在許多位置上能帶得動部屬，做出優異的績效，她退休時贏得不少讚譽，包含「民航俠女」和「鐵觀音」的稱號。

為什麼她能在聯考考上狀元，又在原來男性主導的民航機構闖出一片天呢？讀者可能很想知道關於她讀書和做事的祕方，我受她耳提面命共同生活超過四十三年，觀察到家中這位奇女子的特點。首先是她思考和講話的方式，以電腦的術語來講，具有多工功能（multiple-task），她經常都是這一句話還沒講完，突然跳到另一件事，等大家都霧煞煞時她又回到原來的議題，原來是她反應快，又太性急了，同時要講兩件事。雖然我已經比大多數人能適應，到目前為止，我還是常會搞不懂她的意思。其次，她認真做事時，專注的程度令人吃驚，我們剛有第一個孩子時她還在台大唸森林所碩士，碰到考試前幾天，她會把孩子丟給我，自己整天埋首在圖書館，披星戴月、六親不認。後來在參與航管自動化專案期間，也多次專注公務，孩子幾乎像沒娘似的。此外，她有非常敏銳的第六感，凡事觀察入微，能夠看出潛在的問題，也許是這樣的天賦讓她比別人容易猜到老師出題的方向，或是及早發現工作上可能的問題。我開她玩笑說：「妳在民航局是很好，不過如果去調查局，或者中央情報局，今天的成就可能不止如此。」

許多事情她都比別人注意準備的工作，關心細節外，還力求準時完成，擔任局長時她早上雖有司機來接，但她總是提早整裝完畢，在客廳坐著寫東西；我笑她說跟搭飛機一樣，要先進候機室。開車在高速公路要下交流道，她會很早就對準最右線道，以免錯過出口。比較誇張一點講，如果要南下去嘉義，她一過台中就會打到右線，準備下嘉義交流道。去立法院前她會把可能質詢的委員和他們關心的問題搞得一清二楚，因此能對答如流。許多事她要求精確和整潔，追根究柢、令人抓狂，沈啟就是這樣的人。兒子和我覺得一些芝麻小事也「雞蛋裡挑骨頭」，令人難受，因而幫她取了個「egg bones」的外號。還好她個性也很開朗，喜歡美食，穿好看的衣服，愛唱歌和遊玩，所以是全家人的精神支柱。

在家裡的沈啟擔負兩項重要任務：一方面要努力處理許多家務事，由於上班已經佔掉她很多時間，她學會用很有效率的方法處理家事，例如周末固定去菜市場買菜，但也會用電話叫一些廠商送菜或水果來。另一項任務就是照顧家人，我很感謝她悉心把兩個兒子照顧好，又協助我照顧年邁的父母直到他們往生，我們一結婚就跟我的父母住在一起，她跟我的雙親相處

沈啟全家福。（後立者為河明父親）

融洽。在父母生病的那些年日，二話不說一肩扛起，跑醫院、找醫生，讓我在工作上比較沒後顧之憂。

這樣的太太有時讓妳覺得治軍嚴謹，但是她也有些地方又讓我覺得天真的可愛。在我們年輕時常看大梧和白朗黛的四格漫畫，白朗黛似乎是一位漂亮聰明的太太，但有些事卻天真到讓大梧啼笑皆非。沈啟某些方面的表現會單純到不可思議，比如她跟我搭檔打橋牌，她拿到好牌時會聚精會神，喜形於色；如果牌不好，就一副不耐的神情，完全出自個性使然，我想正式比賽這可能會遭到眼尖的對手抗議，因為叫牌時會被誤以為是用肢體語言打暗號，所以我們搭檔只能跟好友玩玩，無法去參加比賽。她退休後由於要自己用電腦，只要出現問題，我就會聽到尖叫，有兩次螢幕完全沒顯示，她簡直要抓狂了，我去幫她檢查，才發現螢幕根本沒有接電源，其他家事她都很在行，但是碰到電機或機械類的問題，她就是典型的白朗黛。

這本書從一些日常事務的回顧來探討公務員的使命，現代政府已經將公務員的工作定義為公共服務，希望這本書對於有志從事公職或正在擔任公職的朋友能有許多啟發，也期望我們國人能多給公務員加油打氣，畢竟我們需要的許多服務是靠他們辛苦完成的。

【前言】

爲什麼要當公務員

任職公務員有一個最大的好處是能夠幫忙別人！能夠幫忙別人，這是最重要的事。

臺灣這座四面環海的島嶼上，有民航局這一群人在日夜守候臺灣的天空安全。我們身負重任，承擔著各種民航安全的督查工作，沒有上下班的喘息時間，一天二十四小時卻總當成四十八小時在用，我們的工作內容除了得隨時待命之外，更需要具備像是飛行、航管、航務、飛機維修、空管、氣象、航空電子等專業民航知識，這的確是一份艱難的工作，但這群人卻很願意守候臺北飛航情報區，堅守崗位。

在我擔任民航局長期間，有人說我像現代福爾摩斯，又有人說我像是穿越時空的女俠。這都是因為我是臺灣民航局第一位女性局長，必須帶領同仁負起臺北飛航情報區的飛航服務安全任務。

在這之前我已經在民航局做公務員四十年。從基層的飛航管制人員，歷經中正機場航空站副主任、交通部民航局助航組組長、航管組組長、主任秘書、飛航服務總臺總臺長……到最後擔任局長。可說是與民航局一同成長，看盡臺灣飛航生態的各種變化。當鄰近的國家機場相繼新建、制度更新的同時，我預見臺灣民航面臨的挑戰與艱難窘境，但我相信，「悲觀的人，在每個機會中看到困難；樂觀的人，在每個困難中看到機會。」我時常將這句話掛在嘴邊與同仁分享，這段話是邱吉爾的箴言，也是我的信念。

為了提供卓越飛航服務，需要率領同仁嚴謹觀察改善與革新的線索，真的就像偵探一樣。

我從基層的飛航管制人員做起（塔臺管制員作業示意圖）

一輩子做公務員是許多人的志願，主要原因是受收入穩定、工作機會穩定、生活作息穩定三個大確幸吸引。而我想成為公務員的理由，除了以上幾點原因之外，實在是還有一份從小對臺灣土地的敬愛與熱忱，使我下定決心用功讀書成為一名公務員。我認為當公務員有一個最大的好處是能夠幫忙更多的人！能夠幫忙別人，這是最重要的事。在私人企業工作或許能獲得較高的收入、很高的成就，但相較之下服務的人範圍較小，可惜了一番奮鬥。說我是現代俠女，就是憑著這股「想為更多人服務」的心志，無論面臨哪種挑戰都勇敢現身參一腳。

古人常說：「人在公門好修行」。公務兩個字，就意味著為國家、為社會大眾服務，一般報考公務員的人如果單只是受「鐵飯碗」的條件吸引，很難把服務工作做得徹底實在。公務，代表著為社會、為大家服務，是一種要幫忙多人的位份，而不是做官的位置！

公務員處理的事務的確非常繁雜，不但技術與專業知識都要兼顧，更重要的是要有接受瞬息萬變的彈性，當問題出現在眼前時，除了基本的應對進退外，馬上要懂得換位思考、善用同理心，第一時間就擺起官架子絕對是要不得的！要想做一名稱職的公務員，若能存心「利益他人」，當作工作信念默默地耕耘，或許就能在工作崗位上擁有亮麗的成績。

學習的快樂勝過升遷

升遷對我來講，從來不是擔任公職首要的目標。我認為做任何一個職位都是在學習，做不同的職務、經過不同歷練，其實都在學習，學習怎麼當組長、怎麼當主官、當局長…。學習這件事情本來就沒有年齡限制，任何工作的基本原則都很相近，任何職務當然不是第一天就能夠駕輕就熟，不斷謙卑的學習一直都是職場上最重要的守則。

96 年 7 月起擔任總臺長，與前兩任總臺長合影。

你的位置越高，不是你自己在學而已，更多人會因為你的一言一行受到影響，所以千萬不要以為自己是在做官。回想起來，其實這段跟團隊一起共同學習成長的時光，也是當公務員最快樂的年日。人生歲月有限，不可能一輩子都在工作，世代總會隨著時間漸次交替，當群眾擁有更多共同的學習經驗，並且接踵傳承這些經驗時，就能培養年輕的世代更好的學習基礎。我期待下一世代的年輕後輩們能了解公務員真正的職責，並從各種經驗中學習且找到更多的快樂及樂趣。

我還有另一個黃金工作守則是：與其紙上談兵、不如親身體驗執行。不管在當總臺長或做什麼職位，我覺得最值得花時間的是一定要到各地去走走。比如說我在剛接任總臺長的時候，前後花了半年多時間把全國五十九個站臺全部跑完！當局長的時候，也都會去各地的航空站與同仁座談。

每次去之前都以為各處運作順利，沒有什麼事，去之後總是發現有一些問題，回到辦公室之後立即進行深入的了解及改善，畢竟，民航局管轄的是無邊無際的天空安全，守護旅人飛航安全是民航局的頭號任務，為了讓飛航環境更加進步，每次赴國外參訪或出差時，也必須用全新的眼光深入「偵察」，了解其他的國家是如何改善與革新，光閱讀紙本知識當然是不充足的，紙上談兵到底還不如親身體驗！為了提供良好的服務，那就得更仔細嚴謹的觀察！我每到一個航空站，塔臺，氣象臺，助航電臺，真的就像是偵探，抽絲剝繭、推理、注重細微的現象，沒錯，任何一個小細節都是改進的線索。

只要你有顆服務與學習的心，公務員這條路，是可以走得很開心很精彩的！

壹

思維篇

公務體系心態爲何如此老大

令人咬牙切齒的問題，大概歸納為：本位主義作祟、專業偏執、資訊落差等等。

當了四十多年的公務員，很多朋友都對我說，「妳很奇怪欸！個性這麼直白的人，怎麼能忍受那麼可怕的官僚體系，長官怎可能受得了妳的直率？」

講實話，一路走來，我真的碰到很多令人恨得咬牙切齒的公務員、官大學問大的長官、自己永遠是對的員工、很難溝通的人事、會計人員也不在少數。連身在公門的人，都有不知道找誰，求救無門的時候，對那些搞不清楚公務體系的一般民眾，不是更氣得七竅生煙了嗎？大家常會搞不清楚公務員怎麼老解決不了問題？是腦子不好使，或者太不了解民間疾苦？

這個問題，多年來很多學者都花了很多工夫研究，他們的看法大概歸納為：本位主義、專業偏執、資訊落差等等。我為了弄懂『為什麼總是看到公務體系以遵從長官的命令為第一要務的人何其多』，特別去研讀了有關這方面研究的文獻，各篇文章都有一些原因的探討，其中感受最深的就是本位主義。

到底甚麼是公務員的本位主義？

各項研究結果顯示，公務員為了捍衛管轄領域的自主性保護，考量自身機關地位與財富名望，以便可以爭功諉過，因此就本位主義起來。形成如此局面的原因很多，但其中最關鍵的就是所謂自私性的忠誠，就是公務人員只對其工作安全或升遷有關單位展現忠誠，以通俗一點的話來說就是拍馬屁文化，看上不看下。（本章節摘自行政院人事行政總處地方行政研習中心委託李長晏教授、李翠萍副教授研究案「直轄市政府中高階公務人員跨域治理能力需求與培訓策略之研究」）

推動組織學習（中間為民航局李前副局長萬里）

幾十年公務生涯，我看到了許多非常努力、戮力從公的公務員，但政府的培訓制度無法讓他們更上一層樓。我們的培訓體系能不能做一些調整？例如，將每年公務員要達成的學習時數四十小時改成親身去第一線站櫃檯？我曾向航空公司要求讓本局人員站櫃臺，體驗一下被服務端的角色（後來因故改到航空公司相關部門實習），部會相關人員與三、四級機關輪調，或是來民航局或航空站上班幾天體驗一下，心態就會不一樣了。正如一〇五年三月五日聯合報名人堂散文作家廖玉蕙教授所寫「為公務員選書」一文提到：公務員最該充實的是同理心及創意，『缺乏想像力及同情心的公務員，怎能期待有創新的動機與思維』。

找到公務員老是給人不了解狀況的核心原因，就是著手改善的第一步了，當然我比廖教授樂觀的是對公務員的認識較久，雖然很多是積習已久，習以為常，但還不至於到無力回天的地步。一找對了方向，做就對了！

很多公務員對四十小時學習時數不以為然，但溝通管道不足，大多數人也只好虛應了事、應付應付罷了！如果增加一點想像力，設計能幫助公務員做更好的感動服務課程，大家一定很樂意去。這一點我有實證。我在民航局推動到航空公司學習，並要求各一級單位主管用淺顯易懂的簡報說明與他組的關聯，安排全局同仁（含人事、主計、政風、總務人員）上課、到桃園機場參觀空側的運作（如塔臺如何管制航機、消防車待命運作、行李分檢系統等）時，看到同仁興奮的表情、樂於學習的態度，你就了解他們是多麼高興有這樣的機會，做長官的你切莫忘記呀！

到機場參觀航空公司的運作，能幫助全局同仁提供更好的感動服務

【思維篇】

練習成爲別人的角色

所有的問題有百分之八十是由溝通產生，練習把自己當作別人，危機就能變轉機。

碰到問題時，若想要解決問題，先決條件就是一定要知道真正的問題在哪裡。

我認為在處理問題的同時，不需要一直膠著在「該如何解決」而是應該先忘記自己，先成為別人的角色。很多人跟你講事情，都會一直講一直講，不斷地重複，並且都是以我…我…我作為出發點，其實這樣的作法並不會了解真正的問題。若每個人都能先假設自己是他人，並站在他人的立場思考，就知道該怎麼解決事情了。

這很重要，很多時候一定要記得忘記自己。人之所看不清楚問題的核心與全貌，主要的原因是不能夠清楚明白對方的意圖、立場及困難，倘若能練習把自己當作別人，並忘記自己，換作以別人的視角思考問題，很快就能想出解決的策略。

相反地，總是想著替自己擺脫麻煩，而沒驚覺到自己將會造成他人的麻煩，這是最自私的工作者，事情也就往往做不成了。如果這個人平常都很認真的做事，也很有同理心，依照我的經驗，這樣子的心態絕對會讓天下的事都做得成。所有的事情都暗藏著幾個難關，能以同理心、熱情正向的態度應對，沒有什麼難題是真的難解。

「練習成為別人角色」是我常用的思考模式。先想如果我是他／她，真正的問題在哪？為什麼他／她會往那邊想？所有問題都會有個原因、理由，找到背後的原因或理由，先站在別人的立場想，很多事情都能變得容易一些。

這是很基本的練習，我從很小就自己養成一個習慣，常常猜老師考試為什麼會要出這樣的題目？經過不斷的觀察，發現因為他是老師，老師的成就感來自讓學生學到東西。所以我總是揣度老師心裡面想讓學生學的是什麼，那考題一定就會往這個方向去！

我在高中時有一段故事。我的地理老師是一位教學靈活又非常用心的老師。為了加強同學對地理課的興趣，課堂中他不斷的要求同學，讀地理一定要看地圖，了解所描述地方的地理位置。後來果然在期末考時出了一道題：『請問新疆地區十條河包括塔里木河⋯分別注入下列那些湖泊（羅布泊）⋯』說實話，地圖我沒認真看，此題一出，真是被考倒了！但我小時候記性不錯，書本上十條河的順序及十個湖泊的先後，倒是記得很清楚，冷靜了幾分鐘，開始答題時，沒法度啦！死馬當活馬醫，只好一一按照河的順序對應湖的先後，填進去。

過兩天成績揭曉，賓果！完全答對，而其他同學分數慘不忍睹。老師還當同學的面，大大誇獎一番『沈同學一定有聽老師話，努力看地圖』之類的話，但是我要誠實的說，對不起！我沒看地圖！記得當時我在寫答案的剎那間的反應是：糟糕！沒看地圖怎麼辦啊！轉念一想，嗯…所有的事情都會有邏輯的，書的編排一定有它的道理，編者應該會按十條河的順序來排注入的十個湖泊，剛好我都記得順序，所以試著按照那套邏輯填答案，沒想到全部都對！多虧小時候唸書小祕訣，從以前就這樣操練自己的腦袋，使得往後的工作生涯裡，也能運用這樣的邏輯，站在他人位置思考。

我常常鼓勵同仁要拉寬思考視野的格局，才能站在高處或用廣角看到問題的癥結點。民眾對於交通事業的觀感，不外乎是大眾運輸工具的安全性與準時性，但是轄管機關呢？前一陣子報載某個交通單位發生了因維修人力不足造成的安全疏失，車子誤點嚴重導致旅客抱怨連連。因為發現太多人都在抱怨，新聞媒體也不斷的報導，這邊壞、那邊又出了問題。據我的了解這位首長非常優秀，做事也很有方法，為什麼這個單位還一直出事？其中一定有很難解決的問題。我剛巧有機會碰到這位首長，當下雞婆本性發作，把握機會好好請教了一番。在簡短的對話後，終於瞭解為什麼，也明白這不是一個短期能解決的問題，這個事件與我的業務完全沒關係，但是不斷藉著各個機會去了解並學習，有助於未來解決問題。

從個人的視角看待事件比較容易，但若是能試著他人的位置思考，就可以觀察出更多格局較大的問題。

找到原因，才能解決問題！社會上有太多的事件或新聞發生，人們總以個人的眼光去評斷人事物，讀新聞的時候，如果只讀一篇、片面之詞，就開始評斷絕對的好壞，絕對窄化自己的眼界。

懂得多方交叉驗證，再站在他人的視角思考才能擴張格局，格局提升後，才可真正意識到問題的膏肓。許多問題會覺得難，多半是因為人們偏好以個人的想法去推斷事情，但是沒有親赴現場、不考慮別人的立場，是無法挖掘到真相；對不確定的事保持一點懷疑的態度，能幫助你做事更務實，而且說真的，會專業一些。我建議每位領導人，別染上了只關注上司和部屬「垂直隧道視野」的毛病，卻忽略了自己的同僚，可以透過了解他們的工作內容，分享你的工作內容，平等相互支持與同僚建立關係。

我喜歡隨時注意社會動向、新聞要聞。我發現其實在社會上、公務中都有許多很完整的換位思考例子。我雖然職位不算高，但多年的民航業務經驗與各國民航人士互動，例如兩岸直航談判，參加第三十八次 ICAO 大會等各種場合，讓我對我國的特殊外交情勢，有非常深刻的體會；我也看到由於外交部與陸委會管轄範疇不同，分屬兩個單位，造成訊息的落差，實在覺得兩個機關應該經常定期共同討論事情。

這個想法後來在監察院錢復院長（曾任外交部部長，國民大會議長）在報紙民意論壇的一篇文章上，闡述了這樣的見解，當下讓我非常佩服他的卓見，這篇論點如下：

「我最早講兩岸關係高於外交關係，或大陸政策位階高於外交政策，是在一九九二年執政黨大陸政策指導小組會議上講的。我這麼講的理由是，國家統一綱領是保障國家安全最可貴的文件，是我們執行大陸政策的指標，是不能變的，一變，就會對安全、安定造成嚴重傷害。老實說，以我們現在的處境，外交想要改善到一個程度，是不太可能的。而且，要想改善對外關係，前提是兩岸關係要改善，這就是大陸政策的位階應該比外交政策高的原因。兩岸政策走錯了，就會造成生靈塗炭。而外交政策做錯了，沒有這麼嚴重的後果，做好了，也差不多，就那麼回事。」（引用自《觀察雜誌》二〇一五年四月號），錢復院長對於臺灣兩岸及國際情勢的觀察很值得大家參考。

【思維篇】

公務員，反而需要交朋友、建人脈

我喜歡交朋友，人在遇到重要課題的時候，總需要一些能將自己拉出泥沼的朋友。因此，每當遇到不能理解的事情時，我會不分職位、不分領域向各種人討教。有時候遇上問題，不是光在那裡想一想就會有那種：「喔，好，大概就是這樣子」的想法。在思考問題、想辦法解決的時候，總有許多不懂的地方。所以多問、多請教，除了讓自己理解問題外，也能交到不同領域的朋友。

以前我也經常勸同仁，我們不需要矜持，不要害羞。不需要好像向人請教個問題，自己就很丟臉似的。在公務系統裡，能夠做到主管位置也算是身經百戰了，不可能碰到一些小問題還不能解決，但隔行如隔山，懂飛航管制的人未必懂預算、採購、人事，即使身為主管，仍有可能有許多小事不懂，多問、多談、多幫忙別人，沒什麼大不了的。

多數人都認為要在職場上遇到知己，幾乎是千分之一的機率，畢竟競爭的環境確實會讓人很難事事向人訴說。但我不這麼想，我認為多發問、多討論更能增加人與人間的互動，也可藉機會多了解別人，人脈就這樣被建立起來了。

我有自己的一套來建立人脈，許多人好奇究竟是什麼好功夫，讓我朋友多、救兵多。各個公務機關裡幾乎都有我的朋友，都有我可以請教的人，甚至連立委辦公室裡的助理或立委本身，我都想花時間去認識他們。社交的場合裡你也未必遇得到這麼多專業的人。這些關係都是積年累月、一點一滴建立起來的，也是要用心建立起來的。

88 年行政院第二期女性領導班合影，左方由上下數第 2 排第 1 位就是沈啟

在公務系統裡還有一個地方能夠認識很多朋友，那就是參加訓練。上課真的有無窮的樂趣呀！

我非常感謝蕭前副總統在當行政院長時，為了培養女性領導人，讓我有機會參加民國八十八年的第二期女性領導班，那是一個四十人的班。來自公務系統的有二十五位，五位來自學校，五位來自媒體，另有五位是來自民間的企業。我那時擔任民航局助航組組長，而她們大部份都是從所謂的「大單位」來的，像行政院法規會、經建會、內政部、財政部、國科會、新聞局等等。巧合的是其中有五、六位都和我一樣是嘉義女中畢業的，所以我就被選為班長。既認真又開心的服務大家一個月。因為講師都是來自各部會的首長，如郭婉容主委、邱正雄部長…，當各個部會首長來授課時，我就請相關部會的同學去接待，同學們也都很樂意的接受這個讓她有機會見到最高長官的任務（班長是啦啦隊）。

我們那時還做了很多瘋狂的事，像是打破一般公務機關上課傳統慣例，學員都是面向講臺，大家一排一排的坐在底下聽課。我們把課桌椅排成菱形，一區一區小組的方式上課，互動就比較多。好像從那一屆開始，行政院人事總局訓練課程時位子就這麼排了。直到現在我們那一班還常聚會！

領導力，某種程度就是一種影響他人的能力。我大概就是因為雞婆個性使然，常常被推選作班頭，這個角色必須熱心、愛幫忙。其實我只是喜歡看見大家都開開心心把事情做圓滿，可能就是這股強烈地喜歡，影響了大家，讓死板的教室，充滿活潑的歡笑！

我還有一個習慣，就是在繁忙的會議結束後，不會馬上轉身離去。開會不只是來簽個到，會議一結束就拍拍屁股一走了之。我一定會注意今天參加會議的有哪些人，有沒有一些專業領域上很棒的人，能夠解

我們那時還做了很多瘋狂的事（88年行政院第二期女性領導班合影）

決問題的人，然後我就會跟他請教。久而久之，很快的就知道遇到這個問題我該請教誰，遇到棘手的問題有誰可以幫忙。所以每個部會裡都有我的朋友，都有可以請教的人。

團體工作沒有誰應該落單，誰應該是一個人。其實到那裡都可以交到朋友，到那裡也都有人可以請教。我們並不需要一個人孤軍奮鬥，大家在同一個部門上班也好，不同的部會也好，但既然在同一個政府工作，就別分你是什麼部、我是什麼會、他是哪個單位的。我們都在同一個團隊工作，都是為民眾服務，也都代表著政府的績效，有榮譽是大家的功勞，有責任也不能袖手旁觀！

88 年與前行政院蕭院長萬長合影

102 年與前行政院蕭院長萬長合影

【思維篇】

領導者要有解決問題的能力，下屬則是可以觀察領導者怎麼思考與解決問題

想要解決問題，基本上就是從培養觀察力開始。每次的會議都仔細聆聽、認真看，不要覺得只有自己部門的事情才是自己的事。雞婆的人才有希望！

職場領導人要能夠帶給夥伴們堅定的安全感，必須是解決問題的高手。遇到麻煩的時候，會引領著茫然的一群人往對的方向前進；碰上不公平、不正義的事件，也要跳出來釐清事情的真相，率先站在夥伴身旁安慰鼓勵。這好像是在講超級英雄故事，可是這種角色你一定要扮演。

每次遇到困難的時候，不想讓自已陷入不知所措，自亂陣腳的情境之中。最先要作的，是把事件的來龍去脈，清晰的按照邏輯重新推演一遍，究竟是哪個環節出了差錯？哪句話有誤會？從頭到尾推敲過後，就能找出關鍵點，迅速找到解決之道。

102 年 4 月 23 日聽取陸軍航特部 UAS 架構說明

大家都知道要培養解決問題的能力，但是在擁有解決問題的能力前，更需要培養的是獨立判斷的能力。生活的便利跟科技的快速確實能促進事情快速完成，但人類的思考能力卻因時代日新月異的衝擊，面臨慢慢退化的跡象，許多人以為倚賴科技來解決日常問題再聰明不過，實際上仍有一大部份的問題，只能依靠人類的智慧、腦力才能解決。

職場的資訊繁雜，我常被同仁們詢問究竟該如何研判，如何增加「解決問題的能力」，我總是這樣回答：「想要解決問題，基本上要從培養觀察力開始。每次的會議都仔細聆聽、認真看，不要覺得只有部門內部的事情才是自己的事。」眼界拉得開闊一些，不同領域，就得運用不同領域的思維模式理解會議中的訊息。這個道理就如同運動教練訓練選手一般，必須隨時隨地的觀察選手的表現，從食、衣、住、行各處探索，設法找到最適合選手的模式，教練需要在這反覆的練習過程中擬定一套好的訓練計畫！只是你本人就是自己的教練兼選手，培養觀察力、鍛鍊清晰的邏輯，絕對是奠定擁有解決問題能力的第一步。

我每次開會都認真聽、仔細看。開會很有趣，因為你會看到人性。那些只看上不看下也不想解決問題的主管，事情絕對做不好，幾次會開下來，他的下屬很容易看出主管是個甚麼樣的人，反正「鐵打的營盤流水的兵」應付應付就好，而這種不受下屬真心尊敬的主管，下屬又怎麼會甘願為他好好做事呢？

不管在進行什麼討論，我不會用「關我什麼事」的態度面對，反而一直想著：如果我是這個部門的首長會怎麼做、怎麼應對⋯⋯」這樣的假設，不是覺得自己甚麼都會，而是一種練習。事後，也會將自己做的會議結論與主席作的結論做一個比較，如果兩者的結論相同，我很高興，如果不同，就反覆的問自己，主席的結論與自己為何不同，原因為何？現在回過頭來看，當年提出

101 年 8 月 22 日視察台東航空站消防隊

101年8月22日視察台東航空站消防隊

的建議與問題，很多現在都發生了！任何人在一個行業待久了，思維很容易被框住，如果希望看事情能擁有更多樣的面向，在會議中不斷地觀察、思考是一個很好的練習。

用這種模式開會，時間久次數多了，對長官的難處、各部門的問題也會有更深入的了解，同理心也就產生了。這樣的心態，其實另一方面是在培養做事、看事情的高度。我總覺得每個人都會有優缺點，就像是事物都有多面向一樣，任何人都有值得學習的地方，不需要將人分門歸類，重要的是他在發言時的表現、做事的態度、解決問題的方式。先將人分派分類，再評斷事情的對錯，只會扼殺自己的眼界與度量。

要學習隨時進度報告

民國八十七年六月有一天接到兼代民航局局長張家祝的電話，要我回局擔任助航組組長，我覺得我不是航電專業如何擔任這個組組長的職務？但他表示助航組很專業但卻老是讓外面的人聽不懂他們在做什麼，所以希望能由航管出身的我擔任，以使用者的角度來幫忙助航組。

剛上任時有很多事情待處理，首先為了辦公室空間的大小先去找會計室主任討論，經過多次溝通，終於讓會計室同意調整。由於局裡不了解也不重視助航組的專業，長期沒有副組長，我去跟局長報告，覺得單位只有這個組沒有副組長有些不公平，於是局長答應給了一個副組長。經過這二個事件，整組同仁從此士氣大振，安心工作！當時張有恆局長剛從運研所調來，助航組為他準備的局報是二十項正在進行的重大專案，如雷達導航設備…，我跟他們說局長剛到，對航空不是很熟悉，要換個說法來報告：如為何要有導航設施，飛機在落地、起飛時導航設施在幫飛機做甚麼…等等；經過這樣的解說讓張局長對助航組非常有興趣，因為對助航組的角色有了解，從此之後助航組在機場空側、機場容量，扮演了舉足輕重的地位。由於我很多專業不懂，碰到重大事件都和各科科長一起討論；後續在民國八十八年碰到一〇一大樓超高案，我都是以這樣的方式一一解決。

定期讓長官知道你的工作進度及困難是正規的做事方法

局裡沒有所謂冷門組，每個組都重要，主要在於如何把這組的功能跟它工作的狀況或需要配合的方向跟大家說清楚講明白。

遇到難題，不能快速解決是很正常的，因此，我常鼓勵同仁要養成隨時向上層回報進度的習慣。值得信任的下屬，通常是因為他的做事風格很透明，長官能隨時掌握他的進度。許多公務人員很認真負責，什麼事情都盡量自己扛起來做，遇到問題也不太開口向人求救，悶著頭想解決辦法，等到最後眼看已經來不及的時候，才硬著頭皮告訴上司，但通常這時事情已經很難處理了。中途回報進度及需要協助事項，能幫助事情的穩定進展，也會加深上司與下屬的信任。

這個道理如同父母都會希望自己的孩子出遠門時，能定時打電話回家一樣，所以當孩子總能在旅途中報平安，做爸媽的後續就會更放心的讓孩子計劃更多事情。定期讓長官知道你的工作進度及困難是正規的做事方法。通常等到長官開口關心這個事件的進展，就顯示他已經有點擔憂這件事。沒必要讓雙方為了不清楚而徒增煩惱，試著簡單的回報，有時候反而獲得更多、更好的解決方案。

繁瑣事務鍛練基本功

我發現許多公務員有積壓公文的習慣，很多人在還沒有預備好解決方法與步驟時，只想先把手上艱難燙手的事趕快處理掉。但是通常難辦的案子不可能只花一兩天就完成，在這段時間其他工作可能也不斷的增加，於是大的、小的都雜七雜八混在一起，不知從何下手。

做事不應該這麼困難，最好把工作大致分類，了解難易度後，再往下做。舉例來說，若是奉派與局長出國參訪，第一次辦理會覺得很繁雜，大小事一大堆：準備禮品、訂機位、拜會相關人員、資料、會議議題準備，返國之後寫謝函等……，但這樣的事辦過一次以後，建成標準作業流程 **SOP** 及檢查表 **Check List**，到下次要再與長官出國時，只要把當初的標準公文拿出來，更改時間與名字，不費吹灰之力就可以快速的處理掉。

至於困難的事情，通常需要更周全的處理，也可能還得與他人討論。新的、沒有碰過的，甚至得自己下決定的，都可以歸列在比較困難的待辦事項。舉例來說，發生非常重大的緊急事件，當然要把它歸類到困難的事項，但第一步要思考的是：這個問題的關鍵點是什麼？需要找誰協助？困難的事情有人幫忙是最好的，試著先諮詢一些專業關鍵的人。

家事是永遠做不完，繁瑣事務的經典代表

除了在工作時永遠擁有一顆積極向上的心，我在平常還練基本功－多做家事、多做筆記，這樣就能磨練自己的心性與技能！如果你看過我的筆記，一定是整頁密密麻麻，因為所有家裡要辦的事情、臨時出去辦事的動線、購買物品清單，連每天家裡三餐的菜單，要燒甚麼、要準備那些配料……等等，都會細細列上，因為這些全都要經過腦袋的規劃！這樣才能節省時間。

不斷從每天零碎複雜的生活中，練習思考建立事情的優先順序，慢慢的就會變得比較會做事。日常的筆記，就像是生活的聽眾，而這位聽眾最好的功能，就是聆聽你的每項計畫！待辦事項永遠都會增加，靠著每天的紀錄，把每一件事情有效率的解決，更能讓人們意識到自己的進步，把每個小計畫順利做好，就是快樂工作的泉源。仔細想想，所有的大事都是由無

我一直鼓勵大家要訓練自己的孩子多做家事，做家事就是在訓練執行力。

數的小事合成的！

我深刻體會，多做家事真的能幫助一個人的辦事能力變得更好、更有效率！因為家事的細節很多，多做的話，能幫助一個人不會遺漏細節。我一直鼓勵大家要多訓練自己的孩子做家事。做家事其實就是在訓練執行力，訓練做事的優先順序，像是：拖地、摺衣服、煮飯、擺盤等等，每件都有特定的程序和方法，除了得認識每個家事的輔助工具以外，還要學習分類、歸位的邏輯思考，哪個先哪個後，譬如總應該先清潔天花板後才掃地吧！我先生笑我說家裡平常真是整理得一塵不染，進出該穿無塵衣，而且應該報名參加競賽，不是參加一般住家的清潔比賽，而是去參加五星級飯店的清潔比賽！

不要只做喜歡的事，要更喜歡正在做的事

從不擅長的事情學習，經過不斷的磨練、修正，漸漸就會燃起對手上事務的熱忱。學習才是真正的喜歡。

萬事萬物都會變化，沒有什麼人事物能永遠停留在相同的狀態。所以每當有挑戰來臨時，我不會抗拒，反而以一種自然從容的態度迎接。或許我就是個喜歡解決問題的人吧！我覺得我的性格就是這樣，不喜歡迴避問題。以前看過一本書，永遠記得那本書第一頁，第一句話就是「Life is very difficult（活著不容易）」，人生來就是來很艱困的，另有一說「人間正道是滄桑」，只是每個人的問題不同。

關於解決問題，這是認識自己的一個過程。公務員就如同是一位服務業者，秉持著為他人服務的心意，排除各種問題與困難。當然每個人因為個性、業務不同，所以遇到的問題也不太一樣，解決方式也不同，但在解決問題的過程中，也會因而有更深層的機會認識自己。事情有百百種。善用自己的思考能力，再搭

配實務經驗的純熟度，當個能勇於面對問題、喜歡問題的人，會為往後的工作歷程中，種下更多能力的種籽。然而有些人並非如此，還沒嘗試過的冒險，就選擇拒絕經驗；還沒品嚐過的食物，就說不吃；還沒做過的工作，就先排斥。這就意謂著不夠接納自己，不夠信任自己。

除了在開會時會多方觀察外，我也喜歡利用時間細讀報紙的文章、社論。每日各篇社論內容探討的都是國家大事，世界及國家未來的方向與發展。

我習慣藉機參考作者是如何解析社會、國家時事，再回過頭來想想自己是不是有同樣的看法，事情會怎麼做決定。思考時高度要超過自身的職位，這是出給自己的練習題。我認為，出了社會的學習，多半是在磨練執行能力，跟在學校的學習不一樣，沒有了老師的叮嚀與囑咐，要是鬆懈了，少了自我鞭策而停止學習，人就會在原地踏步，成長停滯。

科學家愛迪生失敗了好幾千次才成功發明燈泡，他說「我沒有失敗過，反而是學到了近一萬種行不通的方式。」工作上的麻煩和值得挑剔的瑣事固然很多，失敗的過程會讓人焦慮難耐，但我總能在這些失敗的經驗中豁然開朗有所領悟，穿越各種行不通的阻礙，等到下一次準備執行公務時進行修正，很自然的就能做得比先前更加完善，我常對同仁說：「法律都可以修改了，有什麼不能改變？」時代不斷的在進步，若想與時代齊頭並進，不斷吸收新的觀念、修正錯誤的模式是必要的。我們也得承認，這個社會是一個永遠都在學習進步，學習接受種種不完美，學習調整與改善⋯因為我們都是人。

沈式風格（同仁分享局長管理風格）

一、當上局長之原因

一句話可形容：「態度決定高度，格局決定結局」。

二、值得學習的人格特質，沈氏風格（有媽媽的味道）

1.勇於承擔（有 Guts）：敢講真話，據理力爭。

2.大格局：站在部長、院長高度思考問題。

3.同理心（以人為中心，You First）：

（1）重視基層同仁問題，並想盡辦法解決，讓同仁發自內心的感動，如總臺交通車問題。

（2）及時激勵，不吝稱讚，讓同仁有成就感。

（3）讓基層同仁有機會在重大場合及長官前露臉，激發同仁榮譽心，如 CNS/ATM 啟用典禮。

4.開闊心（open-minded）：

（1）法律都可以修正了，那有什麼不能改變的。

（2）看電視劇「來自星星的你」，瞭解現在流行的話題與思考模式，不會與同仁與民眾產生代溝。

5.責任心：做對的事，劍及履及，追求完美。

6.洞察力

（1）觀察入微，正確瞭解別人的需求。

（2）問對的人，找出解決問題的方法。

7.驚人記憶力：記得基層同仁的名字，連變胖、變瘦都記得。

8.使命感：

（1）建立制度：如建立人才培育制度。

（2）提攜人才：透過各種場合，將四十多年之功力不藏私的傳授同仁。

9.善用優點：好廚藝，抓住委員與同仁的胃，也抓住大家的心。

10.良好人際關係：

（1）犧牲自我：利用下班時間自掏腰包與外籍人士拉近感情，建立良好關係。

（2）善用人際關係解決問題。

11.涵養氣質：局長即民航局之代表，穿衣品味及言談間流露之真性情，與眾不同，讓同仁與有榮焉。

【思維篇】

緊抓專業，有時不如常識判斷

在工作上絕對不能只有專業，偏執專業是無法成事的！要能規劃時間，對情境有警覺能力。

我曾盤點民航局的業務專業，一算下來至少有三十九種專業，每一個人都有自己的職責和專業。但光有專業是不夠的，換位思考、站在他人視角看事情的另一層意思是，要理解別人的工作內容，如果只是緊抓著自我職掌內的公務埋頭苦幹，完全不理解他人的業務，就無法將心比心、與他人溝通！如果連相關單位都不清楚彼此的業務，那到底要怎麼彼此協助？所以在任職期間為了打破各單位的藩籬，讓各個單位的主管親自上陣給不同部門的同仁授課，用簡單易懂的方式（最好用實例）說明各組室的業務，最重要的是，簡報中一定包含本單位與其他單位的關係，使民航局上上下下能有更全面的思考與整合。

有一個發生在美國有趣的實例：美女戰勝專家。有一位美國財務學者，想要測試一下到底所謂投資理財專家比一般人投資人績效會好多少？為了讓他的研究更有趣而引人注目，他設計了一個比賽。他邀請當年美國各州入圍美國小姐選美的十位美女組成一個投資團隊，另外請美國操作績效良好的十位基金經理人組成另一個團隊。比賽開始時，請他們兩個隊伍假想擁有一百萬美金，由兩隊各自討論如何投資到美國的股票市場，然後根據實際市場行情模擬買進賣出股票，經過半年的時間，再結算看看操作績效哪一隊較好。

設計實驗的學者本來期望專家隊只是小勝，沒想到美女隊卻以相當大的差距擊敗專家隊，大大出乎所有人的預料，特別是金融界的專家都相信，這些只靠臉蛋和身材的美女們，胸大無腦，頭腦一定沒基金經理那麼好。這個跌破所有人眼鏡的結果，到底是什麼原因造成的？於是學者們立即去請教美女隊的投資組合，要找出她們的竅門。沒想到帶頭的美女回答：「我們不懂投資，我們決定從頭到尾全部投資可口可樂，因為我們每天都看到很多人喝可口可樂！」

民航局的工作，因為涉及民眾的空中交通，每到春節中秋端午等重大節日，旅客輸運之需求迫切，尤其替代性低的離島交通，更是大事，所有空運組、各航空站甚至飛航服務同仁，除節日前後幾近不眠不休緊盯訂位狀況祈禱老天爺給個好天氣外，更要隨時注意滯留旅客的數目，立即啟動ABC計畫。即便如此，總會發現除了早就訂好的假期資訊外，其它因為風俗、節慶、特殊活動等因素，甚或馬拉松賽事、委員助理結婚等特殊事件，也會造成機位不足，需要航空公司臨時加班因應，久而久之，同仁除了解各地的風俗外（比如馬祖過年主要是過正月十五），也與地方政府做好聯繫，希望當地若有特殊活動，能及早通知，以便能未雨綢繆，早早做好準備！

專業之外需要培養應對能力，要能規劃時間，對情境有警覺的能力。不只是這樣，到後來你可以從觀光局或者各大遊樂設施的訊息，得知他們近期有沒有特殊活動。越到後來，很容易了悟交通就是人的移動，活動訊息與運具的應變都是相關聯的。能夠抓住「什麼時候人麼要移動」的訊息就能隨時做應變的處理，而不是說等到發生了，才在那邊安排運具救火。來不及了！

對沈局長教導航空兩大主軸空側與陸側必須整合的心得分享

具有大俠風範的局長

塔臺小組 畢金菱

她總說：飛機是在天上飛，不是在地上跑！

當我還在顧問公司工作擔任小小助理工程師時，因為辦理中正國際機場主計畫，陪著承辦主計畫案的加拿大顧問公司外籍顧問到民航局一一訪談主要的組室。那時的我一方面不懂機場，另一方面英文不好，跟著來訪談其實非常非常緊張，去場站組或是空運組還好，畢竟是運輸相關的議題，但是到了助航與航管單位，連用國語講我都聽不懂的雷達、ILS、空域、跑道容量等等，實在害怕待會兒要我翻譯。

記得當時沈局長還是助航組組長，訪談時局長發現了我的不知所云之後，直接與外籍顧問對談，像俠女一樣解救了我！而且從天上到地面上，顧問的提問局長都回答了，還丟了問題問老外，我一時間似懂非懂的都聽傻了，只覺得怎麼有這麼帥的俠女！更重要的是在訪談後局長跟我說的話：「機場主計畫不能只管地面上的規劃，必須要考量空側與空域的部分。」

那次的訪談影響我非常大，整個人受到極大的震撼！回到公司馬上跟同事說我今天遇到了位太讓人佩服的人，因為在那個年代見到女性主管是非常不容易的，而我見到一位帶領一群男性專業人員的助航組組長；對英文不好的我而言，另一個讓人崇拜之處在於，怎麼可能有人能這麼流利地用英語跟老外對答，還講的是這麼難的事情，專業上能讓老外都豎大拇指；記憶力好，邏輯強，非常難唬弄！是個讓顧問公司戒慎恐懼，必須拿出真本事應對的可敬業主。

雖然只是幾次訪談或是會議上與

畢金菱（左一）與局長合照

局長接觸，可是從那個時候起，在辦理主計畫規劃時，「別忘了空側與空域」會自動的從腦子裡冒出來；戰戰兢兢的學習、累積專業，除了深度也要增加廣度，多了解其他單位的需求，能有系統地整理說明，是我從局長那學到的事，也期許自己能做到，但是真的太難了！

航空界武林盟主
現代俠女典範
傳奇事蹟：
高中時期曾獲得嘉義縣運會女子五項冠軍
56年大學聯考乙組榜首
民航特考榜首
61年踏入航空界..........
(事蹟繁多不及備載)
大幅改善飛航服務環境奠定臺灣在亞太地區飛航服務領先地位
民航局65年來首位女局長
國內首位獲邀參加國際民航組織大會
（同仁製作的搞笑篇）

沒想到真的有機會進入民航局服務，又有更多的機會認識局長。她的確是位武功高強的大俠，好像專門挑戰難做的工作，而且只要是對的事，局長總是帶頭往前，迂迴找方法，完全就是位行走江湖行俠仗義又充滿智慧的俠客，不達目的不停止。更厲害的是，局長想的不只是眼前的業務，她已經在擘畫未來發展藍圖，為著民航局的未來發展打造紮實的基礎。

感謝俠女局長的帶領、指導及鼓勵，讓同仁能學習及領略到民航的魅力，也學習到團隊橫向溝通合作的重要，做事情想事情要更廣更遠，謝謝心目中的武林大俠。祝福局長退休後能雲遊四海，逍遙自在，在行俠仗義之際別忘了我們這群還在練功的小徒弟！

貳

案例篇

當不同的規定與作法彼此衝突，部屬無法解決時，當主管的你怎麼辦？

案例：翔安飛航服務大樓空調改善

我分享一個案例，以一〇〇年之前飛航服務作業的翔安大樓，來說明在公務體系中，管理工作多麼繁瑣卻又不得不好好的解決。

民國七〇年代為了第二代航管自動化系統的作業，民航局特別向當時的臺灣大學取得位於臺北市基隆路公館附近用地，蓋了提供飛航服務作業的翔安大樓（註：翔安大樓共有四層樓，為配合第三代航管作業計畫，相關飛航服務作業已於一〇〇年一月搬遷於桃園縣大園鄉北部飛航服務園區）。民國九十六年夏天，我剛從民航局調回總臺擔任總臺長，接任之後，立即與航管同仁展開座談。

區域管制中心，掌管臺北飛航情報區所有過境、起、降航機，屬國家一級保安設施，所有中心的資安認證審驗、保安防護要求列為最高規格，必須實施最嚴格的門禁管制，管制中心所有進出口門均需關閉，並裝置防火鐵門，嚴實密閉。因此整個區管中心空氣完全無法流通，座談會一開始同仁立即反應十幾年來身體常感覺不舒服，頭昏眼花影響工作情緒，他們強烈要求立即改善翔安大樓二樓區管中心的空調問題，還有同仁說由於大樓鄰近夜總會（墳地）常看到不該看到的東西，嚇得都不大敢上夜班，嚴重影響空中交通管制作業。

總臺管制席位配置。

聽完同仁的抱怨，我先向承包翔安大樓機電設備的廠商請教，了解空調改善技術上的可能性，得到的答案是：「簡單！不是問題！」當下立即請來負責督導電力的航電同仁，馬上著手研究如何改善管制中心的空調。他們很努力地提出從加接通風管引進氣流至管制室，或從鄰接的航空通信中心穿牆，貫穿到管制中心鑿牆洗孔引進新鮮空氣等方案。不過逐案討論後評估其可行性時，卻都因不符合資安、保安等規範而被一一推翻。大家一籌莫展。

隔幾天我再去翔安大樓，看到承辦同仁哭喪著臉苦無對策。由於我也不是空調專家，沒辦法教他們如何以技術方式來克服，但是問題必有解決的方法，我鼓勵他們解決問題應從多個面向思考，換個角度想，換個方式做，也許就能順利解決。我特別請同仁以同理心看待這件事：「改善航管同仁們的工作環境極為重要，方式、方法可以不同，但是目標不能改」。

後來他們轉念一想，當初完全是因為資安、保安顧慮，才會實施門禁管制，二樓管制中心所有門必需關上，導致多年來空氣無法流通。但換個角度想，如果不從空調技術下手，反向去把問題核心的「門禁管制」改在翔安大樓一樓各進出門口，解除二樓區域管制中心門禁，不但仍舊可以將整棟大樓納入資安、保安設施範圍內，也可打開區管中心所有進出口，再於中心門口走廊加設工業用風扇，必能增加空氣流通，解決原有問題。

方案一經提出，大夥士氣大振，立即著手簽報、架設新門禁系統，大樓各單位重新配發門禁卡，購置工業用風扇等，最後只花費數萬元，就順利解決十幾年來認為完全不可能解決的大問題。

最重要的收穫，是經由不斷不分彼此的內部討論，上下一心完成任務，不但改善了區域管制中心的空調，更改善他們對主管的態度，一掃長期以來第一線值班同仁與各層主管壁壘分明的派系文化，更大幅提昇航管與航電同仁的合作心態。

在翔安大樓裏除了區域管制中心等作業中心外，主要航管核心系統機房大都分佈於一樓與三、四樓，全部由資訊管理中心的航電同仁負責維護及修繕，當時有一套數位通訊系統 DVCSS（Digital Voice

Communications Switching System，是提供飛航服務作業中必要之陸空及平面語音通訊服務系統），系統的機房配合微波設置於翔安大廈三樓，維護人員都在三樓值勤就近維護，就維護面及系統運作面來講，設置在三樓比較方便。

100 年 1 月飛航服務總臺翔安大樓作業，已全數搬遷至桃園縣大園鄉園航路 60 號的北部飛航服務園區。

可是當時的資訊管理中心主任認為該機房線路從一樓拉至三樓會有風險，便將機房從三樓遷至一樓。主任主張機房及人員需要在自己視線範圍內（主管在一樓），他認為這樣才能降低風險及便於管理。基層維護人員則認為人必須靠近機器，一旦發生警報可以馬上解決問題，而且備援系統就設置在隔壁，可以即時啟動，也方便在汰換時互相支援。

為這個問題，資訊管理中心主任及維護人員僵持不下，鬧得沸沸揚揚，很快地傳到我這裡。我找他們來問為什麼不找相關單位或是專業人員共同開個會，大家坐下來談談。他們說這件事已吵了三年，開過數不清的會，但因主管不拍板，延宕至今。雙方在我面前仍爭執不休，都認為自己是對的，對方是錯的。

當下我只建議同仁思考一下：本案爭論點是雙方對設備管理與人員管理意見不同，請問飛航服務最重要的事是什麼？如何讓服務不中斷？雙方對這個問題倒是很有共識，答案完全一致，「確保飛安，如何讓系統故障修護或維護時間縮至最短是核心目標」。後來大家以這個主軸來協商，很快地取得了共識，最終做成維護人員與機器在一起的決議。

面對主管及部屬間的爭執，我並不是大棒一揮決定誰對誰錯，而是要同仁理性坐下來開會討論，解開彼此心結，我只針對問題，開會時只提出核心目標引導大家了解，就事論事，釐清癥結點，找出最佳解決方案。

選主管不是專業競賽

後來在民國九十九年翔安大樓作業全數遷移至北部飛航園區時，主導硬體搬遷作業的資訊管理中心主任過於偏執專業，不擅統合協調。我適時調整主任人選，後面接手的主任雖然不及前任專業，但是他懂得聆聽同仁的需求，彼此充份協調溝通，讓一分鐘都不能中斷的系統之艱鉅搬遷作業圓滿順利，如期運作。

民國 103 年 9 月再到北部飛航服務園區瞭解工作狀況。

在搬遷結束的慶功宴上，我因有事未能赴宴，聽說在場的同仁竟然全體一起舉杯為不在場的我敬酒，他們說感謝我的果斷及堅持，如果沒有我調人用兵，適才適所，第三代航管作業系統絕對無法如期上線，現在可能還在寫延遲報告。

搬遷作業千頭萬緒，我有再好的體力、能力也不可能事必躬親，何況我真的無法面面俱到，所倚仗仰賴的只有主管了。選對了主管，所有的事就成功了！

學習小彩蛋

1. 解決問題不是只有一種方法，方式、方法可以不同，但是目標不能改
2. 當自己的部屬發現問題但無法解決的時候，身為主管的會怎麼做？換個角度想，結果可能就會大不同
3. 讓團隊參與跨部門解決問題的過程，有助於降低本位主義，同時增加對主管的信任
4. 選出、培養出能堪大任的主管，是做為高階主管最重要的能力

【案例篇】

跨部會的整合，採購法的阻礙

案例：國際醫療服務中心的設置

民國一〇二年九月衛生福利部為了推動行政院自由經濟示範區之政策，短期內需要在臺北松山、臺中清泉崗及高雄小港機場等機場設置「國際醫療服務中心」。衛福部請交通部處理，交通部當然交給民航局協助辦理，並要求務必於十二月三十一日三個機場同步完成啟用。這個政策從推行到完成的期限很短，又涉及交通部（民航局觀光局）與衛福部之間的協調溝通，萬一由於認知不同，造成障礙，要如何整合部會間快速達陣，確實考驗地主民航局上上下下的智慧。

「國際醫療服務中心」設置的目的及主要使用對象，是為提供國外入境之醫美團客與散客之集結地點，因此必須要

102 年 12 月 31 日松山機場國際醫療服務中心揭牌儀式

能針對其使用需求實地會勘，尋找最適合的地點供衛福部選擇。我考慮到衛福部相關人員恐怕不熟悉機場入出境動線及相關設施配置現況，便交待民航局同仁全力協助安排會勘行程，共同研商適合之櫃檯設置地點。

按採購法辦理

按照民航局各航空站提供執行公務需要之公家機關櫃檯使用慣例，民航局與衛福部雙方需簽訂「房屋使用合約」，但是出師不力，才剛開始就卡住了，

衛福部認為國際醫療服務中心櫃檯之租賃，應依照政府採購法第一〇五條第一項第三款規定辦理，亦即「公務機關間財物或勞務之取得，經雙方直屬上級機關核准者」，除需交通部同意外，民航局尚需參與該部所提出之「國際醫療服務中心機場服務臺辦公房舍租賃」採購案，此種作法與本案緣由不符（並非民航局想參與衛福部之招標案，而是該部有櫃檯之使用需求，請民航局協助配合）。

時間一天一天過去，「雙方簽約方式」一直沒辦法達成共識，眼看著十二月三十一日三個機場同步啓用的支票就要跳票了。趕快請民航局同仁瞭解卡住的原因到底在哪裡，終於搞清楚原來在衛福部採購單位認為依法該部所付錢承租之櫃檯應依據政府採購法辦理，直接與民航局航空站簽訂房屋使用合約之作法就是違法，屆時無法支應租賃費用。

瞭解衛福部承辦單位之困難後，我馬上召開會議與同仁協商，發現衛福部疾病管制署早有先例，於各機場承租檢疫櫃檯行之有年，於是我們建議衛福部洽其下屬（疾病管制署）了解目前於各機場承租檢疫櫃檯之作法及租金支應方式。由於有前例可循，衛福部採購單位終於不再堅持，雙方很快地簽了約。

這個案例，另一個遭遇的困難就是櫃檯設置地點，衛福部選擇的位置是既有觀光局之服務櫃檯，民航局出面直接協調觀光局是否可以讓出部分櫃臺，觀光局表示有困難沒法同意，只好請雙方上級長官（觀光局亦隸屬交通部）出面進行協調，最後，對櫃檯設置地點，衛福部及交通部雙方政務次長召開協調會議後，終於達成共識。（次長怪不得這麼忙，大小事都要靠他們。）

公務體系是一個非常龐雜的整合的工作，交通部本身空運需要與陸運、海運整合，交通部也經常需要和外交部（航權談判）、經濟部（越南暴動輸運台商）、財政部（航空站飛行場各項設施收費）……等各部會協力專案合作。整合是為了讓整個組織的運作更為完整，整合是為了讓更多計畫能藉由不同部門不同專業的撞擊與討論，激盪出更多創新與革新的可能。當然剛開始至少要清楚屬於己方的專業，理解自己的角色與位置，到了後來，除了專業之外則需要培養各種整合與應對的能力。

除了前面幾個案例從各自的專業與常識的整合（離島疏運），到民航局不同組室不同專業的整合（空側與陸側）到國際醫療服務中心跨部會的整合，每一個部分都是目前公務體系的課題，還有很大努力的空間。

目前我們的政府功能的設計，都是以自己的角度為出發點，很少想到民眾怎麼搞得清楚這一件事要去找財政部還是經濟部。最近網路上傳了一個笑話，瀏覽已達千萬次：有一位民眾為了買三根蔥及肉來做餡餅，賣蔥的一直問為什麼買三根蔥而不是買四根，為什麼不先去買肉，應該買完肉才能買蔥；賣肉的又叫他先去買蔥。日本著名導演黑澤明的電影「生之欲」當中，對公務員這種踢皮球的習慣，也有深刻的描述。

只要是跨部門整合的題目，就永遠有說不完的笑話。可憐的民眾，可悲的公務員。大家想想吧！

學習小彩蛋

1. 公務體系踢皮球是系統常態，要解決問題，雖然生氣但也只能花力氣。
2. 採購法是一部尚方寶典，經常是它說了算，能真正瞭解其條文意涵，而非以自我似是而非的經驗，使事情做不成，但有 guts 的公務員，也一定要小心不違法，免得坐牢，毀了一生。

【案例篇】

公務員總是忘了人民才是你服務的對象，而不是長官

案例：一拖再拖的簡報

民國一〇三年四月十八日交通部政務陳次長剛剛升任，葉部長匡時交付他督導民航局業務。由於陳次長多年負責工程業務，對於民航局業務涉獵不多，因此特別在四月十八日來民航局聽取業務簡報。我考量能讓陳次長快速上手，因此與次長辦公室連繫，了解次長此次的時間及排程，知道時間充裕，所以將民航局簡報特別修正得稍為詳細一些，希望次長不要再跑第二次。

我也計劃在簡報後播放剛於局慶播放過的紀錄片。我多年來觀察到在重大場合以演講方式報告數字其效果遠不如圖片，民國一〇三年的民航局局慶（局慶日期為一月二十日）特別由民航局企劃組同仁加班多日製作了一支十二分鐘的影片。片中有第一線同仁工作的實際情況，包括航權的談判、春節疏運、跑道整修、航管的緊張、助導航設備的維護、航站驅鳥⋯的畫面。

103 年 1 月 20 日 六十七週年局慶大會（左起依序張國政前局長、孫兆良前局長、劉德敏前局長、陳家儒前局長）。

局慶當天第一次播放，在場所有航空公司貴賓們似乎是第一次了解民航局的工作，才知道同仁的辛苦付出，觀看的貴賓和同仁幾乎都熱淚盈眶……。果不其然，陳政次在聽完簡報看完影片後看起來深受感動，指示民航局安排時間到部裡報告，分享各位局處首長。

我們很高興，立刻開始與交通部聯絡。簡報後一個月都過去了，部裡沒有消息，我實在忍不住找同仁來問到底發生了甚麼事。同仁說部裡還在喬影片播放的地點，原召開部務會報的二樓會議室沒有大銀幕且位子是扁橢圓形不利觀賞影片，三樓有很好的簡報室，座位良好銀幕很大，但是他們說長官要在二、三樓間爬樓梯上上下下對長官不好，所以還要請示部長還在哪裡……。轉眼間，三個月過去了，已經七月中旬了，還是一直沒有接到部裡的通知，我覺得這麼簡單的事需要這麼麻煩嗎？剛好有個向次長說明業務的機會，就當面請示次長影片播放這事還要辦嗎？次長一聽，甚麼！還沒處理啊？（你瞧！差一點冤枉了長官啊！）立即交代部屬馬上做。很快的，七月十八日終於播出了。

從這個真實的故事就可以發現，有些幕僚成天只會聽命，絕不敢讓長官有絲毫的不便，卻都忘了公務員其實真正的老闆是人民，對第一線工作的不了解，也從不嘗試去了解，要指望他們動腦筋來幫助在前線工作的下屬機關，那真是緣木求魚呀！

學習小彩蛋

公務體系中，有時阻礙事情進展的理由，是很小很可笑的，要追緊一點。

民航局屢創佳績，葉部長匡時頒獎。

【案例篇】

連公務員都怕的公務體系

案例：飛航服務總臺的組織再造

四十多年前我一路從最基層的四級機關開始做起，對公務體系有深入的觀察。深刻體會社會大眾有時對公務人員深惡痛絕的心情。舉一個飛航服務總臺組織改造的例子。

政府為了降低日益龐大的公務人力，建立所謂小而美的政府，於是立法規範各級機關的數目、各個部會的總員額（中央政府機關總員額法），也就是大家所稱的政府組織再造。到目前為止十年過去了，還是有很多機關的組織法尚未通過。

組改的過程，完全就是叫天天不應、叫地地不靈的辛酸歷程。

大概是民國九十九年，我那時擔任民航局轄屬十八個機關當中人數最大的飛航服務總臺（以下稱為總臺）總臺長，總臺共有預算員額九百一十四位（職員七百八十人、技工七十四人、工友三十一人、約聘二十九人）。

飛航服務總臺組織架構圖

總臺長
副總臺長
副總臺長
副總臺長
飛航業務室
航電技術室
供應室
秘書室
主計室
人事室
政風室
臺北飛航情報中心
臺北航空通信中心
臺北航空氣象中心
臺北區域管制中心
臺北近場管制塔臺
高雄近場管制塔臺
臺東近場管制塔臺
資訊管理中心
臺北裝修區臺
桃園裝修區臺
高雄裝修區臺
臺東裝修區臺

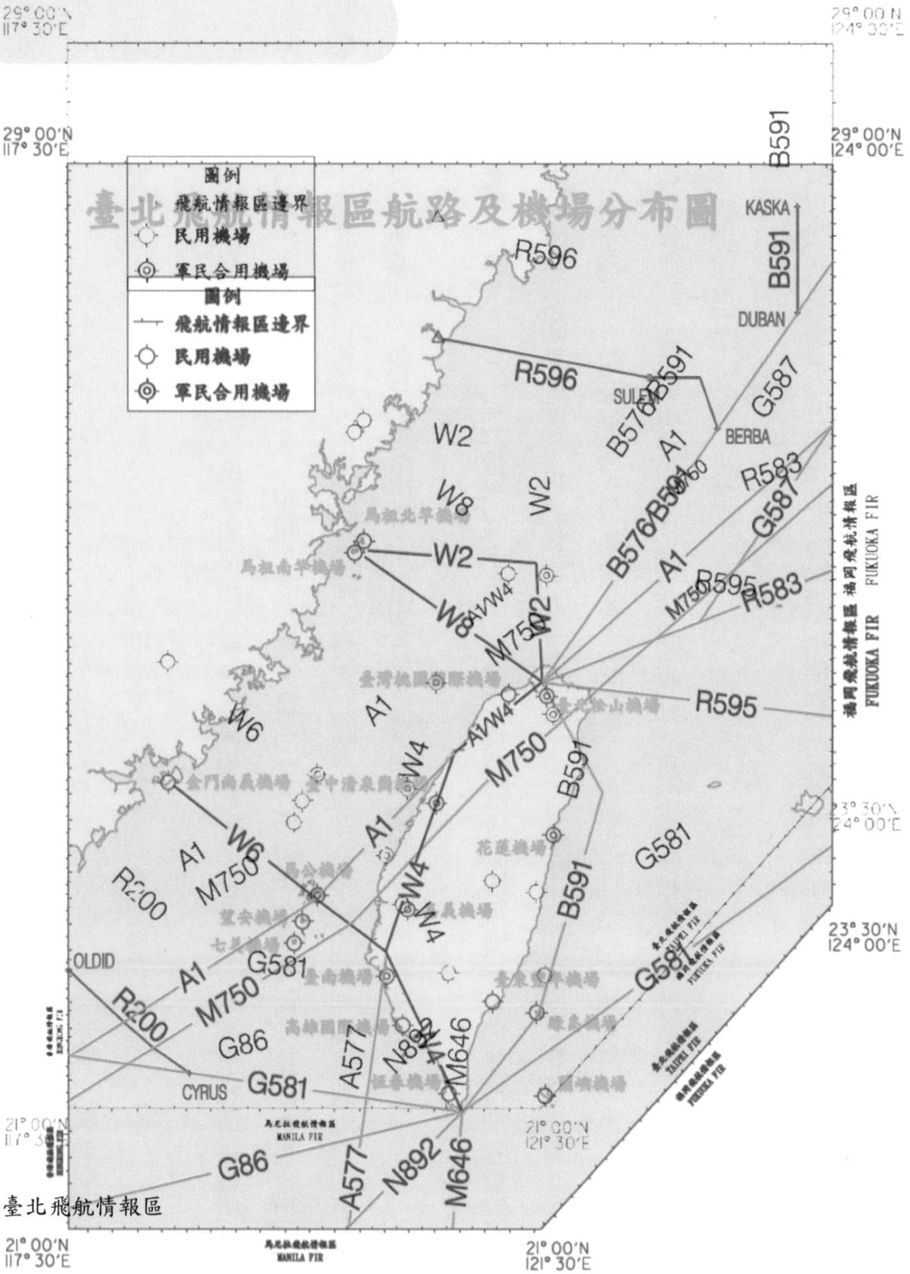
臺北飛航情報區航路及機場分布圖
圖例
飛航情報區邊界
民用機場
軍民合用機場
29° 00'N 117° 30'E
29° 00'N 124° 00'E
23° 30'N 124° 00'E
21° 00'N 117° 30'E
21° 00'N 121° 30'E
KASKA
DUBAN
SULEM
BERBA
OLDID
CYRUS
B591
B576
R596
G587
R583
A1
M750
R595
W2
W8
W6
W4
G581
R200
G86
A577
N892
M646
馬祖北竿機場
馬祖南竿機場
臺灣桃園國際機場
臺北松山機場
金門尚義機場
臺中清泉崗機場
花蓮機場
馬公機場
望安機場
七美機場
嘉義機場
臺南機場
臺東豐年機場
高雄國際機場
綠島機場
恆春機場
蘭嶼機場
福岡飛航情報區 FUKUOKA FIR
馬尼拉飛航情報區 MANILA FIR
臺北飛航情報區 TAIPEI FIR

臺北飛航情報區

提到飛航服務總臺就不得不介紹臺北飛航情報區。臺北飛航情報區是國際民航組織在民國四十二年所劃設的，西起東經一一七度三十分、東至東經一二四度、南邊由北緯二十一度至北緯二十九度，面積共約十七萬六千平方浬，目前計有國際航路達十四條（含三條兩岸航路）提供情報區內所有國內外軍民航空器飛航情報、飛航管制、航空氣象、航空通信及地面助導航設施等各項飛航服務。

由於臺北飛航情報區位居亞太地區空中樞紐，與福岡、馬尼拉、香港、上海等飛航情報區相鄰，近年管制之航空器約達一百四十餘萬架次，相關飛航服務人員均十分優秀，在國際駕駛員協會裏總獲得很高的評價，也確保了臺北飛航情報區的地位。總臺除了負責我國及對外空中交通運作及協調工作，更需第一線確保飛航安全及空運便利，而且所屬單位分布全國各地及機場。機關有其特殊性及重要性。

所以當總臺於民國八十七年制定組織條例時，雖然是行政院所屬四級機關，仍然特別考量組織規模員額（單位編制遍及本島及離島地區，編制員額九百七十九人，一般中央四級機關相當罕見），工作類別多（飛航管制、航空通信、航空氣象、飛航情報、航空電子及航空行政六大類人員，上班時間特殊一年三百六十五天每天二十四小時輪班）以及任務具有國際性、專業性、技術性、稀少性、替代性繁重特性，爰設立十九個一級單位及五十九個二級單位。

但這次組改以後由於總臺為四級機關，必須套用所有四級機關的組織架構（一般說來四級機關人數多數是約為數十人的規模），除了一位總臺長維持十一職等，三位副總臺長只剩兩位是十職等外，一位副總調為主任秘書，原十六位薦任九職等至簡任十職等的一級單位主管（主任、塔臺長、區臺長）將受影響變成薦任九職等科長。十七位薦任九職等的一級單位副主管（副主任、副塔臺長、副區臺長）不得設置，而原五十九位薦任八職等的二級單位主管（課長、臺長）將受影響調降成薦任七職等股長。

這樣的組改絕對會使所有總臺人員陞遷受限制，優秀人才流失，對飛航服務發展與飛航安全影響很大。總臺業務因為需要與國際接軌（國際民航十九個附約當中與總臺直接相關的至少有十個以上），歷年來對於人才甄補，百分之八十以上的人力多以民航特考及高等考試進用，人員素質極高。

未來如果照規劃的組織改造，總臺勢必要降低主管職務列等，人員陞遷受擠壓、優秀人才流失或提早辦理退休，非常不利經驗傳承。而且對新進人員招募缺乏誘因，衍生專業人才難覓、現有人力流失、專業技術青黃不接等困境，對於我國飛航服務發展及國家整體經濟、外交、交通、飛航安全評等及風險，產生長遠及嚴重的影響。

民國 97 年 12 月 1 日臺北、上海區域管制中心飛航管制工作安排簽署典禮。

另外，總臺各一級單位主管負責業務及飛安責任繁重，職務列等降低將與所負責任嚴重失衡。有些一級主管要管理員工人數多達一百二十餘人，以臺北區域管制中心為例，主任管理約八十名員工，除了負責提供整個臺北飛航情報區高空層高度的飛航管制服務外，需要定期與香港、菲律賓馬尼拉、日本福岡及大陸上海等鄰區簽署協議書、協調空中流量管理、搜救通報等工作，對外代表國家，所負職責繁重，職等實不宜由簡任降為薦任。

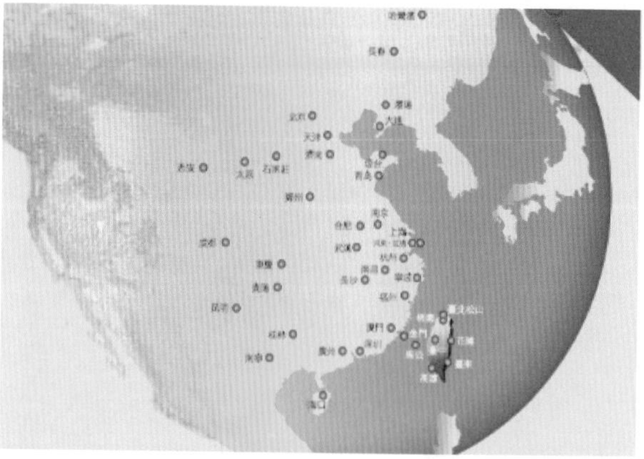
兩岸直航機場逐日增多。

除了一級主管職務列等降低，又沒有設置副主管，未來對國外及大陸飛航服務單位（現大陸空中交通管理總局為中央三級機關）、軍方、各縣市政府及各民航相關單位之業務溝通協調將更為困難。由於所有飛航服務人員一律按照國際民航組織規定及國際標準提供服務，各類飛航服務專業人才進用後，需要進行專業訓練半年至一年，通過相關測試或取得證照，並且在工作崗位完成實務訓練後才能開始正式值班，且每工作一段時間還需進行進階訓練（較一般公務體系投入更多訓練經費），人才培育十分不易。

自從九十年七月四日實施兩岸週末包機，九十七年十二月十五日實施兩岸平日包機，一直到九十八年八月三十一日實施兩岸定期航班以來，兩岸已開通二條北線及一條南線雙向直達航路，建立了兩岸航管部門的直接交管程序，大幅縮短航機飛行里程及時間。

總臺是第一線執行兩岸直航政策的作業機關，如果未來之組織架構不能相對成長或維持，勢必將對我國飛航服務發展產生重大影響。為此我們特別向上級請求審慎考量將總臺列為適用「中央行政機關組織基準法」第二十五條第三項規定之機關，即機關內部單位因性質特殊者，得另定名稱，將本總臺其除於四級機關內部單位設科之範疇，維持總臺現有組織架構及一、二級單位主管職務列等。

但是不斷的向上級及人事機關說明，卻只換來『這是規定，沒有辦法！』，同仁感受到未來的公務生涯受到威脅，一時之間群情激憤，身為首長的我只能一面拼命安撫同仁，一面向上級機關民航局求救。那裡知道人事單位直接回覆說依據這是四級單位組織的規定，不可有異議。無奈之餘，只能拚命述說各種理由，向上呈報公文（下級機關唯一的方法），但是不斷的說明永遠只換來批文「這是規定，沒有辦法」！也不管這個規定多麼的不合理（薦任人員如表現優異，即使考績年年甲等，六年就到頂了），我真的氣壞了，除了不斷溝通協調外，也找來總臺的幕僚單位密集研商，把各種資料規定先行書寫備妥，終於在過年前的尾牙餐會讓我等到了機會！

每年過年前部長都會到各部屬機關參加尾牙活動，按照民航局慣例，我觀察到局長那一主桌除了部長、次長等長官外，還有總臺長、幾個甲等站主任如臺北站及高雄站主任、航警局局長等人一起坐，於是我在尾牙活動之前便做好萬全的準備，將組織改造資料影印數份帶在身上，再加上當時總臺正在執行新一代航管系統（CNS/ATM）計畫，依據我對毛治國部長了解，他向來對航管人員十分關心，對系統工程也有高度興趣，他肯定會問這個專案進行的狀況。

果不其然，上了兩三道菜後部長向我問起了CNS/ATM目前的執行狀況，我立即抓住機會說：「報告部長，CNS/ATM執行狀況良好，請您放心，倒是總臺目前碰到了大問題……」，部長一聽，臉色一沉問是什麼問題？我馬上把心中已默念多遍的總臺組改面臨的困境，簡單陳報（記得！跟長官報告事情時要言簡意賅，不要白頭宮女話當年，他們沒有時間！），當下他轉頭交待時任政務次長的葉匡時次長馬上給予協助。第二天交通部相關人員立即打電話來，口氣十分客氣，總臺也幡然一變被列為組改的模範，關愛的眼神一直照看著我們。一時之間相關機關組改討論時，常請總臺出席，後續也因總臺的案例，使民航局所屬航空站組改後，一級主管由組長降為科長的困境也一起解決了。後來我雖擔任了局長，但只要是涉及組織改造條例相關事項，我一定親自參與，因為深怕又發生擦槍走火的事。

做了那麼久的公務員我清清楚楚組織對一個機關相當重要，沒有健全的組織架構，同仁再優秀也會因升遷無望而另謀高就，請記得：人才是一切的根本，得人才者得天下。這是每位做主管的人應謹記在心的事。

學習小彩蛋

1, 要信任決策長官，把握機會扼要說明，一步到位。

2, 組織健全才能留才，才有空間讓人才成長。

去立法院，是公務員最害怕的差事

案例：一鍋臘味飯的故事

每年在重要節慶連假時，國內各處總會出現返鄉人潮，為協助鄉親儘早返鄉，民航局早就預先擬訂空中疏運A、B、C三計畫，這時候也是民航局同仁們戰戰兢兢的時候，一方面要執行龐大的空中疏運計畫，另一方面也要應付許多訂不到機位返鄉的民眾的請託，還有立委的關切。

一〇二年春節連續假期，剛好放假的第一天就是除夕，松山機場一大早就湧現許多離島鄉親，想要搭機返鄉過年。當時正值返鄉尖峰時間，機位候補不易，有離島籍立委辦公室就協調民航局立即啟動疏運C計畫，請國防部調派C130軍機協助疏運旅客。按照民航局的看法，當時尚未達啟動C計畫之條件，依照民航局擬定之疏運ABC計畫，應先啟動A計畫協調航空公司加班；如有所不足，再啟動B計畫請航港局協調海運業者加開船班疏運；如仍有不足，才會啟動C計畫請國防部調派C130軍機疏運旅客。而且，當天晚上航空公司尚有運能，可以加班疏運旅客，因此，承辦單位認為並未達到啟動C計畫之條件，但委員

103 年向院長簡報春節空運疏運計畫 。

辦公室認為如不啟動C計畫，又要等到當天晚上才能加開班機，鄉親將會錯過吃年夜飯之時間，要求立即啟動疏運C計畫，結果，在協調過程中與承辦單位產生摩擦。

當天最後還是依照委員辦公室之要求，啟動疏運C計畫，順利協助鄉親返鄉過年。但是一過完年立院開議後，委員辦公室連續一週內，每天都要求本局提供超過十件以上各類議題之說明資料，造成局裡各組室之困擾及業務負擔。當時其實同仁沒敢告訴我發生什麼事，是我看到委員辦公室來函索取的資料為何這麼多，感到很奇怪，打電話問同仁才發現原委！

後續數日雖經多次解釋，仍然無法化解委員辦公室與民航局承辦單位之間的芥蒂，這樣下去不是辦法，我托人打聽該委員本人非常喜歡吃香腸，剛好我母親對於製作香腸非常拿手，而且口味十分道地。因此，我下廚煮了一大鍋香噴噴的家傳臘味飯，在接近中午帶到立法院，請立法委員及國會助理共進午餐，頓時立法院整個中興大樓委員研究室瀰漫臘味飯香，久久不散，大家在歡樂用餐間氣氛中，已無形的拉近彼此間的距離。不愉快煙消雲散，就算一桌滿漢全席也不能比。

後來立法委員辦公室的助理將用餐畫面上傳臉書，曾幾何時「沈局長臘味飯」的美名已不逕而走，「沈啟親自製作臘味飯請立法委員及國會助理」至今還是立法院廣為流傳的美談。之後每逢年節，立法院助理都爭相指名要吃「沈局長的臘腸」，我開玩笑地說，退休後要去賣臘味飯，不怕會沒有生意。

透過這鍋親手做的臘味飯，不但化解委員辦公室與民航局承辦單位間之誤會，更深深抓住委員及其助理的心，因為，從來沒有一個局長會親手製作臘味飯請他們吃。也因為這樣，後來在帶領民航局同仁進行相關業務推展時，包括航空票價調整案，都能獲得委員的諒解與支持。

我認為很多事情要將心比心，我們要瞭解委員的立場，基本上，立法委員因為是人民所選舉出來的，為民喉舌本是他的職責所在，因此，如果在業務推動上，多能站在委員的立場幫民眾設想，讓委員也能對其選民說明及交代，就更能爭取委員的支持。

以這次疏運為例，委員辦公室是站在鄉親的立場，考量到除夕有返鄉吃團圓飯的習俗，因此，在A、B計畫均無法符合鄉親需求的情形下，才希望跳脫ABC順序的思考模式，啟動C計畫疏運旅客。經過這次事件，民航局也與國防部協調未來在重大節日或特殊事件，亦可直接由A計畫跳至C計畫。

再者，雖然因疏運過程中與委員產生一些誤會，但是，透過一些貼心與有技巧的溝通方式（如煮一鍋臘味飯），讓委員感受到誠意，反而能化阻力為助力，爭取委員的諒解與支持，使業務推動更為順遂。

在民航局長任內，我強調機關預算不再只是主計室的事，而是機關大家共同參與的事。在立法院審查民航局一〇四年度單位及民航事業作業基金預算案，我分別就單位預算及基金預算邀集相關組室及單位召開會前會，針對預算處理程序、提案型態、近三年立法委員關注議題及預算審查遭質疑項目編列說明進行了解且預先準備，並責成各相關業務主管重視預算

要清楚立法委員關心的事。

審議程序。另外，對立法委員近期關心項目特別注意，如：陳雪生、楊應雄、楊曜三位離島立委對馬祖金門及澎湖機場輸運的關心；林明溱委員持續關注追蹤的臺中滑行道工程進度；林國政委員、李昆澤委員關心高雄機場建設計畫；陳根德、楊麗環委員問航空城計畫之預算編列情形及其進度。只要委員一上臺質詢就準備好，回答他的相關問題。

為使立法院順利通過民航局預算審議，我在預算審議期間積極與立法委員溝通協調，妥為說明，甚至在審查前親自拜會委員，俾利化解預算編列相關疑慮，爭取委員對預算案之支持，進而有利於民航局各項業務之推動。

安內攘外需要雙管齊下。在立法院審查後，我不會忘記連續加班數周，從不支領加班費，不眠不休準備預算審議資料的相關人員。我請他們吃一頓豬腳便當。主計人員後來寫出一段心裡話：「作為機關幕僚行政單位的主計室，需要首長支持與協助的應該就是首長全盤性考量的思維、合理分配資源，以及一視同仁、待一條鞭體系同仁為機關內部同仁一樣的用心，或許我們不是最重要的份子，卻是業務推行不可或缺的螺絲釘，我們有人力、物（財）力的需求，也需要首長的肯定。審查後的軟Q豬腳便當，永遠飄香，豬腳味美，局長的心意更醇美醲厚，久久回味無窮。」

面對與立委及民意代表溝通這件事，有一位好的國會聯絡人會事半功倍。我每天必須面對的人，除了秘書及各單位主管外，另一位可能就是國會聯絡人。因為行政機關首長需赴立法院備詢，以爭取預算及法案的審查通過，國會聯絡人居中就扮演了一個溝通橋樑的角色，尊重國會聯絡人，重視及採納國會聯絡人所提供的專業知識及意見，非常非常重要！

立法院下半年的重頭戲，就是各單位預算的審查，這是每位行政機關首長所面臨最嚴厲的考驗，不僅僅委員質詢的議題包羅萬象，另外對人的觀察也需要敏銳。有一次我拜會現任立法院副院長蔡其昌委員，從委員研究室的擺設及使用的茶杯就可瞭解委員藝術的偏好，憑藉這一點觀察，又可跟委員聊上好一陣子。

我常到立法院走動拜會委員，但從不率大隊人馬陪同，只需一位國會聯絡人陪伴。我個別向委員說明相關業務，從瞭解委員關心之議題認識民意之取向；萬一委員不在位置上，我也會跟委員辦公室的助理說明，再赴立法院向委員溝通說明。終於在退休前兩天，由葉宜津委員幫忙提案連署有關增補民航局飛安人力一案，並在院會完成三讀通過，劃下局長任內完美的句點。

學習小彩蛋

1，要將心比心，站在別人的立場設想，言行才可能真正融化人心，化解誤會。

【案例篇】

當法令規定缺乏人性考慮時

案例：北部飛航服務園區交通接駁車與人員留任

民國一〇二年，行政院發函中央各機關，自一〇三年一月一日起，不得以公款支付租賃交通車，亦即不得由機關提供交通工具供上下班搭乘使用。這樣的政策對一般社會大眾或其他行政機關同仁覺得是政府因應經濟不景氣，為了節省公帑的政策；就算執行也無可厚非。但一聽到這項消息，我馬上想到地處偏遠的民航局飛航服務總臺轄管的北部飛航服務園區。

這個北部飛航服務園區座落於桃園縣大園鄉南港村，提供二十四小時不中斷服務，號稱是我國臺北飛航情報區的空中交通心臟。裡面約有二六〇位同仁從事飛航服務作業。他們原本

飛航服務總臺北部飛航服務園區地標牆。

是在臺北市公館地區翔安大樓上班，於一〇〇年配合政策及新一代航管作業整合等考量奉命遷址於桃園縣大園鄉，這個新地方並沒有便利的大眾運輸系統，晚上六點以後連僅有的一線公車都停駛。

為了降低飛航管制人員的工作壓力及疲勞，確保飛安，飛航服務總臺原有提供交通接駁服務。這個取消交通車的政策一下達，出勤就很難避免舟車勞頓費時三個鐘頭，尤其是第一線飛航管制同仁，分分秒秒的工作必須非常專注、安全有序的引導航空器，一個閃神或疏忽都有可能造成飛安隱憂。一時之間，群情激憤，人心浮動，多位同仁紛紛上網尋求調差機會，消息很快傳到局裡。

我立刻向上級反映，為北部飛航服務園區爭取繼續保留交通接駁車。第一次呈報公文，可想而知慘遭打回票，但我不死心，繼續向上呈報，一再的附上詳細的補充說明資料，十幾次向交通部、主計處、審計部、行政院等相關上級單位解釋取消交通接駁車可能造成的飛安問題，最後終於替大園鄉北部飛航服務園區的同仁們爭取成功。

我當時就發現在北部飛航服務園區的同仁們非常焦慮，許多人都紛紛去外面求職，好幾個甚至已經請調成功，最主要原因就是因為他們覺得沒有交通車，實在太不方便，除了得自行負擔每月上萬元的交通費外，體力上更是難以負荷，每個人都擔心疲勞風險會影響飛安。

航管人員的養成很不容易，他們一考上民航特考，除了受訓，還要通過塔臺考試，真正能獨立上線已經過了二年。期間還有多位同仁因為受不了工作壓力及性向不合等因素離職，再加上我國航班架次逐年攀高，全國的飛航管制工作已是長期處於人力不足及值勤時數爆表的狀態。

公文層層向上呈報，但在這一來一往的過程中，我發現主計處其實也有難為的立場。轉念一想飛航服務總臺所呈報上去的公文，重點都是在描述自己的困難，可是站在主計單位的立場，不是只有你一個單位處於困難而已啊！如果答應解決你的困難，那全國其他單位怎麼辦呢？我了解主計處不同意的最大癥結，心想如果能解決主計處的困難，那也就同時解決了自己的問題。

將心比心，主計處的難處很大的可能在於全國有數以千計的機關，都有類似的困難，如果說同意了總臺，

北部飛航服務園區的同仁們繪製卡片，謝謝沈啟幫大家解決了接駁車的問題。

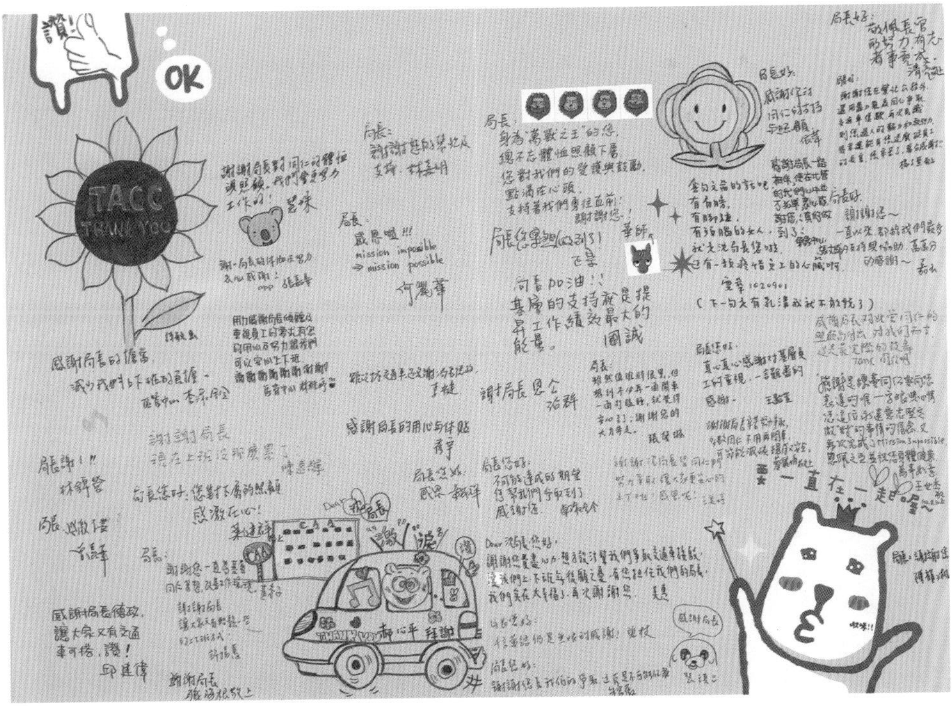

其他單位怎麼辦？最後在總臺不斷說明遷至北部飛航服務園區係為政策要求，該地區缺乏大眾運輸工具及確有飛安的顧慮後，並允諾後續在桃園機場捷運通車後，再予評估檢討的條件下，終於解決了接駁車問題。大家都很開心！原本北部飛航服務園區的同仁們認為這件事絕對不會成功，許多人已紛紛另謀調差，當他們知道接駁交通車的政策可以延續時，除了滿滿的感激外，還是感激，為此還特別製作了一張超大的感謝卡送給我。

從解決別人的問題下手，切莫執著於自己的困難，這一點是所有做事的人都要想到的。許多制度是牽一髮動全身，如果每個人都只顧到自己的私利與不便，卻沒有考慮到他人工作上的不便與麻煩，那麼事情只會往更艱難的方向延展，永無寧日。

學習小彩蛋

設身處地為下屬思考，協助解決，留住人才才是上策。

【案例篇】

愈重大的事件，愈要勇於面對，並為他人著想

案例：空難與危機處理

民航局同仁其實每天的工作都是在服務民眾，除了大家所孰悉的搭飛機外，還有很多的事大部分的人不了解的，像離島金門、馬祖、綠島、蘭嶼等地方只要碰到所謂的EMS（Emergency Medical Services，緊急醫療救護），所有相關工作人員都會竭盡所能給予協助，在航空領域裡，EMS救人第一的優先順序比總統座機還高，只要飛航條件許可，航管人員絕對會讓EMS專機抄小路飛最快的路線到達目的地，如金門到臺北，按照航路應該經過W6航路加入A1航路，航管人員會盡力在航情許可範圍協調軍方，只要軍方當時沒有戰訓活動（怕危及飛安）他們就會配合開放航路。

民國一〇三年十二月十二日，有一架中興航空緊急醫療專機載運大陸籍心臟衰竭旅客由松山回長沙，因為中興航空HAWKER 400XP受限於機型，需要中停高雄機場加油並經由兩岸直航規劃之南航路R200。當時負責醫療的亞東醫院及家屬十分著急，希望節省時間不要中停加油，要求我們能基於人道立

場，協調大陸，讓航機穿越海峽臺灣海峽直飛長沙。我很了解病患家屬焦急的心情，但限於兩岸空運協定，民航局無法答應家屬請求。家屬的訴求雖無法做到，但有沒有其他的方法可以縮短航機飛航的時間？救人如救火，為了搶時間我立即請民航局標準組與中興航空連絡，了解該航班的飛行計畫，並向亞東醫院副院長說明兩岸航路之限制，以及為何需要中停加油的原因，先取得家屬及醫師諒解。

由於我是管制員出身，了解航管作業上雖無法穿越臺灣海峽，但在本區內，我們的管制員可以盡量幫忙優先引導。大陸部分，則立即由我方航管單位協調大陸航管以最快的空中捷徑航路飛往長沙，並請我們的管制員在病患一登機後全力協助，以最優先的航管次序到高雄機場降落，同步也請高雄航空站在飛機到達前安排油車到機坪等待，縮短地面作業時間。那一架 EMS 專機從起飛到降落竭盡所能只大約花了三個半小時，每個階段的狀況都主動向亞東醫院回報，我相信當時亞東醫院也立即向心急如焚的家屬報告，當飛機載著病患平安降落的那一刻，家屬也終於放下那一顆心。

其實能幫到很多無助的家屬，這一刻才是鼓舞我永不放棄的力量！

面對民航界每天大大小小的危機處理，坦白說並不是事事都有所謂的 SOP，人是活的，工作所觸碰的狀況都需要和人溝通，因時制宜，制式化的 SOP 並不能客製化處理危機。

很多人遇到大問題時，首先想到的都是事情的難處，總想著這件事好難做、做了會挨民眾罵。例如機票價格如果上漲，到立法院鐵定會被轟得很慘，狀況無法收拾。我觀察到，若是想要真正解決一件難題，除了為混亂的資料建立秩序外，工作的大方向通常就是釐清該不該做而已。我常跟同仁講，你要問你自己「這件事當不當做？應不應做？」如果該做就不要總是想難處，比如法令上的限制，各種會碰到的困難等，我覺得那些都是技術問題。既然有決心要處理，腦袋裡就不能再因為技術上處理的方式去擾亂應不應該做的決策，只要大方向底定，全力去克服執行的障礙就對了！

我遇到「大事件」的時候也跟大家一樣，不管當時是做總臺長、組長、或局長，第一個感覺都是「哇！很糟糕、很難受…」心情當然很不好。但是我同時也要求自己一定要面對，不會躲起來！

民國八十七年二月發生在桃園機場附近的大園空難，長官派大家去殯儀館協助罹難者家屬。那時候空難剛剛發生，有的女性同仁希望不要派她前往，因為她的生肖會相沖，或者他們家有忌諱等等。但那時剛升中正站副主任的我跟他們說這是我們的工作、我們的職掌，我們應該要去！

空難發生當晚我匆匆趕到現場，失事地點好多屍塊散落四處，心裡非常難過，但是想到家屬痛失至親絕對比我們更為悲傷，身為民航從業人員，只有全力投入救難。過了兩天去參加法會，現場的氛圍，真是十分淒涼感傷，記得當時渾身雞皮疙瘩都起來了，但是我深深覺得若我們持著一個善心，只要是我們的工作，就該去處理。

人命一直都是最重要的事情，要讓航機在各機場起降更安全，我努力在全國各機場提升助導航設施，只要土地條件，空域環境沒有問題就立即編列預算加速執行。只要攸關飛航安全，能多做一點改善，為什麼不改善？這些都不是用效益來評估就夠的。其實每天這麼多飛機在運作，常常會接到甚麼雷達壞了、某個航站電力系統故障⋯的通報，所以在民航局工作手機二十四小時不離手，是基本態度及守則。

說穿了，飛航服務能讓安全更完善就是最好的效益，紙上的數據績效並不能代表實質的操作結果，這也是為何我要面對所有問題，因為我知道任職主管的人，若只是雙手環抱於胸前發號施令，絕對很難理解問題的核心！

學習小彩蛋

整個世界，就是一張連串縝密而隱形的脈絡網，在公務的領域，需要對日常生活一些元素有所警覺，對自己、對其他國家的要聞，務必要多加了解，若能從他人的行為、動作，甚至在言語中領悟到驅動人們行為的刺激因素，服務他人的動機也就在此刻誕生！

助導航設施——多向導航台。

老舊的系統再怎麼維護也有限，技術一定要與時俱進

案例：航管自動化系統換代計畫

二〇〇二年正逢數位時代崛起，民航局推動了新一代航管自動化系統 CNS/ATM，前後長達十年，而此項計畫的負責人就是我。

為使我國衛星通訊、導航、監視與飛航管理系統全面升級，讓設備變得更為完善，上級派任我主導建置第三代的新航管自動化系統，如此重責大任就在托付在我的肩膀上。我所背負著的是開啓「通訊」、「導航」、「監視」及「飛航管理」新局面的重大使命，藉由航管通訊、衛星導航、數位化等多層面結合，掃除航管死角，大幅的提升飛行的工作效率。臺灣航管定位在我的團隊努力下，一同邁向衛星與數位化的新紀元。

臺灣早期東西部原本各自有一套獨立的航管系統，都是以人工的方式傳遞訊息。隨著數位時代的來臨，技術、系統設備亟需全面升級，為配合推動第三代的新一代航管系統，民航局在桃園、高雄兩地各新建一處飛航服務園區，將原本分布在花蓮、臺東、臺中、臺北及高雄的航管單位，全部整併為南北各一處。

舊飛航管制人員的工作環境，為配合舊航管自動化系統螢幕顯示，工作環境密閉幽暗。

過去的飛航管制工作環境並不友善，航管人員總是得在暗無天日的環境下工作，飛航的螢幕設備因為要在黑暗的環境才能顯現，即便有簡單的設備小燈，但航管人員為看得清楚非常耗費眼力。

一名經驗豐富的航管人員曾經這麼說：「從前上班的時候，老是不知道外面是晴天還是下雨，如果不看時鐘，連天黑了沒有都不知道！」諸多不便，顯示出航管環境面臨著需要調整的迫切，也因此讓我下定決心即刻建置第三代新航管系統 CNS/ATM，翻轉整個飛航工作環境。

第三代新航管系統設備是一個全新的開始，新的航管大樓建構得比以往更為明亮、寬敞，飛航的工作螢幕在正常光線下就可以清晰顯像，與過去的工作場域相比，整體功能和舒適度都大幅提升。這套航管自動化系統，因導入衛星與數位化的科技，讓空中交通管制更流暢，減少塞機的情況發生。它除了可以提供地面、空中雙向精確位置，也大幅度的減少地面航管員及飛機駕駛，無線電通話的次數與錯誤，確保飛航安全。我要求實施精細化的管理，從每一個工作崗位、每一個工作人員、每一個環節梳理問題，努力優化系統，提升全區安全、迅速、有序的飛航服務。

回想起建置第三代新航管自動化系

新一代航管自動化系統（ATMS），系統及顯示螢幕在正常光線下即可運作，工作空間明亮舒適。

統，真的是滿腹辛酸。畢竟建置第二代系統時，已經累垮所有同仁，到更新第三代系統時，其實需要面對的挑戰比第二代更多。很多同仁為了這套系統的更新，必須從花蓮搬到臺北或高雄工作，更有同仁從臺東遠道而來，離鄉背井從南部大搬家到北部的人更不在少數；畢竟是關係整個臺灣航管的安全，因此，面臨這種需要「大搬家」的同仁，多達上百人。這些願意花時間、花精力幫忙的同仁，才是推動臺灣飛行環境的幕後大功臣，每一位同仁為了讓臺北飛航情報區作業變得更好，就算再疲倦也硬是咬緊牙關團結合作，諸般辛苦的過程並不是一般人能想像。

在這個大搬風的過程，民航局除了面臨新技術的考驗外，還遭遇了人才流失的窘境。許多老一輩的航管人員自認較難適應新的自動化系統，紛紛申請退休，也有一些資深航管人員捨不得離開家鄉的親人而陸續遞出辭呈。這無疑讓民航局陷入一大困境，但我並沒有責怪或強迫同仁，身為總臺長只能一肩扛下這個整併遷徙的大任務，帶著同仁堅忍熬過這漫長的陣痛期。

為了整建這項系統，民航局飛航服務總臺走掉一百多個人。但不更新系統又不行，要邁入一個數位化的時代，舊的系統也應該要被淘汰了。其實所有的問題，關鍵都在於人。人如果在不舒適的環境工作，效率就不會提升。系統的全面改革、部門調整，都是為了讓往後的作業更為流暢。

為了這項鉅大的工程，總臺調動了全體同仁一同作業，過程中不斷和各個單位協調與溝通，並聯手找出各種隱患，迅速地排除、解決，讓設備能更平穩安全的運行，這些過程就是從根本起保障了飛行安全。

事情真的很多，要溝通的事項更是落了一長串，到後來，我跟這些年輕人說：「不要怕事情多。事情不會越做越多，我們就一件件慢慢解決。」就是這些繁瑣的過程，讓人更熟悉每個工作環節，越常操作系統，越可保障安全，如此才可讓科技與人性緊密結合，就這樣，我與同仁們一起戮力合作，順利開啟了航管系統數位時代的大門。

參

團隊篇

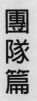

事情要做好，就必須打造一個優秀團隊

在過程中給多一點時間和空間，再慢慢加重任務，讓人才循序漸進地養成。

全球美容產品巨人雅芳前資深副總裁魯森・阿爾吉利亞（Lucien Alziari）指出，領導力是在「別人」工作時對他們予以訓練、教導並監督，有效的領導力必須將「自我依賴」轉化成「團隊依賴」。上面這兩段話都是大名鼎鼎的彼得杜拉克在「杜拉克學堂三件事決定領導人命運」書中所言。

我常說自己不是一個勤快的人，總喜歡想著怎麼讀書最有效率、公文如何處理最省力又好，最好的方法就是帶領別人做事。我也常跟同仁說：要努力學習往上爬，位子越高你會愈省事，但這代表的可不是亂出一張嘴，而是帶領同仁的團隊依賴。

我的經驗是在培訓同仁時，有時像嚴厲的老師，有時又得像是溫柔的姊姊。每個人都需要經過多種磨練才會成長，越是習慣待在安逸的環境中，就越難有大幅度的進步。我會在過程中給與多一點空間跟時間，試試先交辦簡單的事，後來慢慢加重，逐漸看得出來這個人有沒有在進步，潛力如何。若一開始就盯得太緊、給太繁重的任務，只會徒增壓迫感。過重的壓力並不會倍增成果，逐步交辦適度困難的任務，覺得他做得很好，就可以再交辦更高難度的任務。

譬如今天要去跟部長作簡報，我不能讓一個從來都沒有對部長作過簡報的人去報告。我當然願意給同仁機會，但是假若他沒有經驗，就要求他直接去跟高層長官報告，對他而言可能無法承擔。我認為凡事都得有個順序，循序漸進的練習能熬煉更好的功夫，一下子就跳躍到最難的關卡，對當事人的挑戰可能太大了！

民航局因為兩岸航班往來，需要定期與陸方舉辦兩岸航空氣象與飛航安全研討，民國九十九年輪到陸方主辦，地點選在有千年古都之稱的西安，雙方就不同的議題各派十名代表簡報。陸方從全國約六千名氣象人員選出代表，加上他們從小訓練口條，平均都很出色；反觀我們的代表，雖然學經歷甚佳，有博士碩士學位，專業技術更棒，但大多從小木訥寡言，很少在公眾面前講話，簡報技巧就更不用說了。

輸人不輸陣，當下我與黃副總臺長立即把同仁找來惡補，並且舉辦簡報比賽，由黃副總臺長親自督陣指導，經過這樣密集的訓練，把每個人折騰得大有進步，後來我方在研討會的表現也非常不俗，硬是扳回一城。

在我看來這就是一種內部基本訓練，每個人應該要有的能力，平常都得練習。團隊的意義是大家都在同一個大家庭，同一條船上，所有人在自己的崗位上盡忠職守，朝著相同的大目標前進。務實的內部訓練是以團隊為單位的，不是要打造團隊裡少數的強將，一個完整的團隊會有整齊的人力配備，平日多方模擬備案，就能防範許多棘手危機，應變很多複雜的公務。

民國 99 年第六屆海峽兩岸航空氣象與飛行安全研討會代表合影

不管是在公務機關或是職場上想要完成任務或是達成績效，團隊一定要優秀，優秀團隊必要的構成條件除了要有明確的目標共識、高昂的團隊精神、優越的團隊榮譽、專業的人才外，更需要一位卓越的領導。但好的領導卻是可遇不可求。

如何帶領團隊？

如何做一個同仁心目中期望的領導？

如何培養同仁成為一位優秀的領導？

我始終認為「人」才是把事做好的根本，同仁是寶貴的資源，他們需要領導，以開闊的胸襟及細膩的做事手法帶領團隊完成不可能的任務。被我帶領過的同仁寫了許多信給我，我挑選一些對做事方法有深刻體會及成長的信，分享於後。

我與沈局長一起工作之體會

一〇四年六月 韓振華

沈啟局長是交通部民用航空局成立六十多年來，第一位女性局長，大家常說到她是「前無古人」的異數。她的領導風格和以往歷任男性局長有很大的不同，其中最大的差異就是她具有女性主管做事的細膩與觀察入微，更有媽媽的味道，時常關心同仁的生活細節，不厭其煩的對同仁耳提面命，希望大家都能不斷成長與茁壯。

沈局長擔任民航局局長雖然只有短短二年半的時間，但她在工作上追求卓越、劍及履及的個性，對民航局同仁而言，就像經歷一場震撼教育，讓同仁深刻體會到「合理的要求是訓練，不合理的要求是磨練」的硬道理。在接受磨練的同時，才發覺每個人的潛能其實是無窮盡，可以被激發出來的，也因如此，在她退休之後，大家都懷念她留下的深刻回憶。以下分享與沈局長一起工作的體會：

她重視基層同仁的心聲，真心替同仁解決問題。(102 年 2 月 8 日農曆年前巡視)

凡事應以人為中心

沈局長常常說，世界上最難處理的就是人的事情，人對了，事情就對了。她上任第一天就說，要把對的人放在對的位置，所以在她擔任局長任內，上到副局長、主任秘書，下到各級主管都做過一番調整，期使所有人都能適才適所，發揮團隊最堅強之戰鬥力。此外，她更積極建立人才培育制度，不但藉由跨組室的教育訓練，來提升每個人的專業能力，她更透過各種機會與場合，將自己四十多年的公務經驗不藏私的傳授給同仁們，希望藉此讓大家學習到待人處世的方法。

沈局長非常瞭解民航局的生態，由於

任務專業多元，最大的資產就是員工。儘管她對於各級主管的要求相當嚴格，但她卻非常重視基層同仁的心聲，真心替同仁解決問題。例如：她為了解決飛航服務總臺同仁上、下班的交通問題，可以義無反顧的和各單位及上級長官溝通與說明，完全像古時候仗義執言的女俠一樣，路見不平，拔刀相助。

也因她重視同仁的問題，所以在基層同仁的眼中，她是一位關心同仁，幫忙解決問題的好局長，讓同仁發自內心的感動。另外，她更讓基層同仁有機會在重要場合及長官前露臉，激發同仁榮譽心，就像在 CNS/ATM 計畫啟用典禮時，她不但將十年來默默辛苦參與工作的同仁拍攝入鏡，更讓這些幕後英雄也能夠站在啟用典禮臺上，接受各界的掌聲。

勇於承擔，堅持做對的事

沈局長就像一個非典型公務員一樣，不畏權勢，有話大聲說。對於應該據理力爭的事，她也絕對不會放在心裡，默默吞下去，她常常說，她是長官眼中的問題學生。在公務體系中，說話這麼直白，還常常據理力爭、忤逆上司的人，應該屬於保育類動物了。

以航空票價調整為例，沒有民眾喜歡調整票價，也絕對沒有所謂調整票價的好時機，一般在多一事不如少一事的心態下，大部分人都會選擇能不碰則不碰，能拖就拖；但航空票價八年多來未調整，航空公司因油價大幅上揚，持續虧損，只好開始以減班方式因應以減少虧損，但卻也因此而使離島鄉親與民眾時常訂不到機位，抱怨連連。

在惡性循環之下，不但航空產業面臨前所未有的經營困境，離島航空交通運輸服務更面臨斷炊的危機。沈局長上任聽完幕僚簡報後，立即表達既然是該做的事，就應該勇往直前去做，雖千萬人吾往矣，不需要考慮太多，『有什麼事，我會全力作你們的後盾』。跟她一起工作，深深體會到身為公務員就應該像她一樣，當有所為，有所不為。

跳脫既有框架，要有開闊心胸

一般公務員常說的一句話就是：「依法行政」，法律規定可以做的才做，法律沒有規定的就什麼都不能做。但這也是一般民眾常常對公務員抱怨最多的地方，認為公務員就是保守、不知民間疾苦。沈局長卻常常告訴同仁，凡事不要先說「不行」，因為連法律都可以修正了，有什麼是不能改變的，如果認為是對的事或是對大眾有益的事，即使需要修法，也應該盡力去做。她時常教導同仁要跳脫公務員的傳統思維邏輯與固有框架，才能真正站在對方的觀點重新思考及解決問題。

要有人飢己飢的同理心

公務員常常被民眾罵官僚，究其原因，就是沒有站在同理心，把民眾的事當成自己的事一樣看待。沈局長時常教導同仁要站在對方的觀點思考，把別人的事當成自己的事，這樣才能真正創造感動人心的服務。就像沈局長在每個不同典禮上致詞或演講時，絕對不會講一些陳腔濫調，讓人聽過即忘，反而會透過風趣幽默的方式，講出讓與會者都能會心一笑且印象深刻，獲得全場共鳴。甚至連出席典禮的穿著也會費盡巧思，她都會找出與該次主題的連結性。例如臺灣第一家廉航臺灣虎航首航典禮時，沈局長特地花了一整晚的時間，找到一件與臺灣虎航 LOGO 雷同之虎紋裝，當場令人驚豔，深刻體會到她的用心。

翻箱倒櫃找到與臺灣虎航 LOGO 雷同的虎紋裝出席首航典禮
（103 年 9 月 26 日虎航記者會）

威航首航典禮，服裝配合臺灣黑熊白色 V 型領
（103 年 12 月 16 日記者會）

做事要用對方法

沈局長對於問題觀察相當入微，她常說做事要問對人、用對方法，這樣才能順利解決問題。例如有次某位立法委員因故與民航局某單位有一些誤會無法化解，經沈局長透過多方管道打聽到委員非常喜歡吃香腸，因此，她特地親手製作了一鍋香噴噴的臘味飯，拿到委員辦公室與委員及其助理一同分享。從來沒有一個局長會親手製作臘味飯請他們吃，因此，讓委員感受到誠意深厚，不但誤會冰釋，更深深抓住委員及其助理的心，使得後來民航局在推動相關業務時，都能化阻力為助力，獲得委員的支持與認同。

沈局長在ICAO大會與空運組副組長韓振華（現為組長）合影

以上的一些實際案例，只是沈局長常年工作的吉光片羽。綜觀沈局長為人處世的道理，就像她在唱歌的時候一樣，真誠又極富感情，凡事都用「心」在處理，一切以「人」為本。相信她四十多年來的工作經驗分享，絕對值得各級公務人員學習效法，套用在一般企業經營管理上，也絕對受用無窮。

才德兼備的勇者

臺北區域管制中心　蔡宗穎

民國九十六年五月我由總臺調任民航局航管組，當時沈局長擔任航管組組長職務。雖然我與組長只有短短兩個多月的共事，但卻是我公務生涯十五年來的震撼初體驗。她做事的態度與領導風格，讓我對於這龐大的官僚體系，開始有了不同角度的看法及省思。九十六年七月，飛航服務總臺誕生了第一位女性機關首長，就是我們的沈總臺長。因緣際會的，我又從民航局調任回總臺飛航業務室，讓我再一次見識到這位長者、智者、勇者的風範。

從民國九十年起我就在飛航業務室服務，前後將近有六年的時間，親身體驗前幾任總臺長不相同的領導風格。那時候，飛航業務室與總臺長辦公室之間很少互動，機關首長對於業務部分不明瞭時，頂多會請單位正副主管說明，那時候業務承辦人感覺「天高皇帝遠，總臺長與我何哉」。

沈總臺長到任後，這一切都改變了，飛航業務室彷彿脫胎換骨一般，承辦業務的廣度、深度與以前大不相同，與總臺長互動頻繁，每個承辦人這時都兢兢業業「如臨深淵、如履薄冰」。飛航業務室在一次次承辦業務的經驗累積中成長，練就一身刀槍不入、水火不懼的膽識，這一切都要感謝總臺長教導了我們最重要的部分「做事的態度與方法、做人的器度與原則」。

我所認識的局長從擔任組長、總臺長及至局長期間，她管理人員的態度與堅持始終如一，嚴格與嚴肅兼具，貼心與細心並存。勇者不畏強權，在公部門鄉愿文化充斥的環境，她總是能恰如其份的扮演「會罵人的好主管」，恩威並濟的角色，將管理這門技術提昇到藝術的境界。看看我們所處的公務體系，問問是誰能—

那一位主管能夠正確的叫出所屬近八百位同仁的名字？

當所有公部門的交通費補助均被刪除時，誰能排除萬難，順利爭取到交通接駁車？

在國家財政拮据時，誰有辦法提高飛航管制員的飛安獎金？

在桃園機場道面整建的施工黑暗期間，有誰能夠帶領維持正常的飛航管制能量與品質？

總臺南北飛航服務園區建置與航管系統的轉移，又有誰能引領如期如質完成？

只有她能，我們的局長做到了！失敗的人找藉口，成功的人永遠有方法。局長對於艱難的案子選擇安排適當的領導者，備妥萬全資料打通執行關鍵瓶頸的事與人，正確的時機、找正確的人、用正確的方法、做正確的事，應該是詮釋她做事態度最佳寫照。

她管理人員的態度與堅持始終如一，嚴格與嚴肅兼具，貼心與細心併存。

在局長榮退的前夕，我們會謹記您過往對我們的叮嚀與期許，繼續戰戰兢兢地守護臺北的天空，謹代表總臺臺北區域管制中心並引用唐朝詩人高適在「別董大」詩中的一段話「莫愁前路無知己，天下誰人不識君」，致贈予我們永遠的長者、智者與勇者，感謝您對於航空界的付出與貢獻。

【團隊篇】

好的主管會看見同仁的辛苦

將心比心的站在下屬的立場思考，更能夠周全的看待每個事物，就能將團隊拉得更緊密。

當下屬的通常都渴望能在廝殺的職場上碰到一位能引領眾人、與團隊共同進退的主管。在民航局裡，當了局長你就要負責這樣的角色。民航局的生態有如迷你版的社會戰場，我們必須注意著臺灣天空與地面上的大小危機案件，小至服務上的個人疏失，大至旅客的緊急突發狀況…但我不會被這些複雜的案件擊退，鼓勵同仁善用心智，屢屢使危機化為轉機，化腐朽為神奇。

下屬並不會特別期待領導者有豐功偉績，通常他們需要的是一個能背負責任的上司。同仁們對我的評價前後差別很大：一開始他們覺得，哇！真倒霉來了一個好兇的局長；可是後來他們改口說很慶幸，要求

（下接122頁）

同仁對於沈啟領導同仁像對待家人般的心得分享

當主管要像家裡排行老大的孩子

臺北飛航情報中心　劉華師

沈局長是個非常特別的人，她對業務的重要性總有前瞻的獨到見解，她對部屬的訓練總是充滿創意，而她對人的關懷總是深深打動人心。如今她要退休了，她在辦公室的種種在我們腦海留下了鮮活的回憶。

印象中她是第一個重視航空情報業務的長官，她明瞭航空情報對飛安的影響，因此對飛航指南（AIP）文件品質及飛航公告（NOTAM）的收集與通報，皆有嚴格的要求；屢次在會議中向各單位主管說明配合發布情報的重要性，也要求我們經常辦理說明會、研討會等，宣導航空情報的用途及提報者須配合事項，期許將此飛航服務之基礎打穩。在她任內陸續發生北韓試射飛彈、B348 航路更名 M646、大陸無預警設置東海防空識別區、馬航在烏克蘭空域被擊落等事件，證實了她前瞻的獨到見解——情報真的很重要，情報打頭陣，飛安有保證。

有幸身為她的部屬，許多人都有共同的經驗：開會時的槍林彈雨、加班趕資料時的天

102年2月春節期間沈局長至情報中心慰勞同仁(右一為劉華師)

地悠悠之感、嘔心瀝血之作遭無情退回時的咬牙忍淚心情，對她敬畏到甚至產生「斯德哥爾摩症候群」。但回頭看看這些年自己的長進，以及單位整體業務的進步，也都因為有她亦嚴亦慈的督促有以致之。感謝她為我們出的功課，不厭其煩的諄諄訓勉與分享工作經驗的熱情。局長，有您真好！

即使公務繁重，她的女性特質仍為同仁帶來溫暖。為了總臺各單位陸續搬遷至北部飛航服務園區，她費心安排交通車、增設辦公及備勤室設備、改善餐廳及宿舍環境，讓工作環境更舒適。後來一度交通車被迫取消，當時她已經是局長了，在百忙之中仍為我們奮戰，直到行政院長點頭為止，更讓第一線同仁感受到她的重視與愛護。

她廣大的人脈資源常在同仁急難時提供協助。在她榮升局長那年，總臺歡送會上，好幾位值班同仁自行參加，發言感謝沈總在他們生病或家人生病期間主動給予的協助與關懷。這還只是有勇氣當眾說話的同仁，其他接受過幫助、心存感恩但不好意思發言的同仁必然不在少數（我自己也是其一）。她曾經說過，當主管要像家裡排行老大的孩子，要管弟弟妹妹，也要主動關心他們的情形。我覺得她是最好的榜樣。

認識局長、跟隨局長麾下，是我們公職生涯中難得的緣份與福份，希望有朝一日也能擁有像局長一樣的智力與戰鬥力。局長為民航付出這麼多，退休後終於可以好好享受家庭生活，好好陪伴老公，祝福局長身體健康、萬事如意！

當選交通部 102 年模範公務員

嚴格的局長反而讓他們學到很多東西，這種改變，我自己是蠻高興的。

在民航局中，我期待所有事情都能一視同仁，不是高階主管的聲音最大，也不是基層的觀點就特別不重要。我重視與所有同仁的關係，更熱愛與人接觸。在民航局中我會竭盡所能的記住每位同仁的模樣，他們的職位、長相、性格，我都會仔細地觀察，並牢牢地印在腦海之中。我可以自豪地說，民航局的同事我都叫得出他們的名字，而且大都曉得他們的個性！從早年參加各項會議時就在觀察，注意每一個人的特質。

在這裡，沒有誰的意見是不重要的，遇到困難我們一起來奮鬥、一起來面對。時代不斷的演進，科技的進步催促著人們求知的慾望，如果只用舊時代的腦袋是沒辦法跟得上新時代的腳步，每個人都會有自己拿手的長處，聽多方意見卻不夠客觀的判斷，吃虧的只有自己！在這個時代沒有人的聲音是不重要的。

其實每一個人都喜歡有舞臺、有自己的空間，做主管的就是幫助他們來發現自己的舞臺，我會以我的觀察去告訴他們，什麼是他們真正適合做的。有時候我會跟他們深談，他們也會跟我討論他想要去那個組室，但如果我覺得不適合的話，我會直接跟他說你真的不適合，並與他們分享與討論我所觀察到的地方，給他們參考。理想的職涯雖然是以一個學習者的身份往前邁進，但在岔路時仍會需要他人的提醒，而我長期觀察同仁們工作狀態，很適合在旁給予意見且協助他們找到屬於自己的舞臺，當他們能在自己的舞臺上發光發熱時，就更能為自己說的話負責。

在任職局長期間，我親身面對各單位的同事，我很少用訓斥、告誡的方式與下屬溝通，而是以情境演練的形式說給同仁們聽，或者是親自做給他們看，同仁們也能因為這樣更快速進入實境且一併產生同理心。在民航局上課的時候，活潑生動的說故事方式是「沈啟老師」的教學招牌，凡事以旅客的觀點作為出發點，從訂票、機場報到、搭機細節過程都講述一次，連免稅店如何招標，空運、企劃、航路劃設、跑道建立⋯⋯等都一一解釋，為的就是讓更多人理解航務作業，希望每個人都能參與。

我每次一開課，就會發現同仁們臉上有光彩。尤其是人事，主計，政風，總務等行政部門，每一個都非常開心，因為他們告訴我，他們很少被邀請參加類似的業務會議，我把他們找來參與、開會，並讓他們去實地參訪，他們才發現原來自己的角色與位置如此重要！整個民航局就是一個大家庭，每個人都是重要

沈總臺長主持總臺盃羽球賽開幕典禮

的角色，少了誰的參與和貢獻都不成！

我常常站在下屬的立場思考，就能夠更周全的看待每個人事物，將團隊拉得更緊密。有時候我省思：到底同仁缺乏什麼？他們為什麼會缺乏？在跟他們談事情的時候，注意他們的互動和表情。如果主管凡事都只是專注在自己最拿手的領域，向心力很難培養，績效也不容易在團隊中發酵。

當局長最高興的事，其實是看到同仁們一個個變得比較願意做事。他們不僅是願意在自己的業務上幫忙，也願意在其他地方付出，後來每一個人都變得比較願意服務，這點正是讓我最開心的地方！這段回憶，最心滿意足的並不是外界對我的高肯定，而是在任職期間影響別人工作心態的那段黃金過程。

他們最開心的原因，是因為他們的辛苦被看見了！

當整體環境中，有越來越多人期許自己成為更好的人，你的團隊更會願意在自己的工作崗位上加倍努力。其實每一個時期碰到的事情都會不一樣，所以比較誰的貢獻最大、誰最有成就，這些都很無聊，都只是一時的。我一直認為，若是能在公務體系上多花一點心思在培育人才這個領域，整個產業界才會更好，因為人好了，什麼事情就會做的好。這也是為何在交付工作時，總是從「為什麼要這麼做」的源頭領導同仁，絕不只是單純的分配公務而已，分配只是一個簡單的指令，能有意識的工作才是深刻的學習。

我常這樣跟團隊同仁們說「人啊，就是不要怕天底下的人比自己好，更不要跟你的屬下比較，別與自己的團隊競爭！」我常常覺得好多人很奇怪，老是在這個點吃醋，其實應該將你的競爭力導向外面的世界，內部應保持團結合作！處處競爭會促使自己跟別人的關係惡化，一旦愛比較的人越來越多，也容易養成斤斤計較的壞習慣，體恤的心就不可能會在團隊間流動了。

她有種不凡的領導風格

高雄近場管制塔臺　陳竹模

（同仁對沈啟領導風格的心得分享）局長將於一〇四年一月十六日退休，對很多還在工作崗位上的同仁而言，心中一定感觸良多，在斯人即將離去之前，想到要精準的描述局長的過去一切所作所為，誠非易事。

有關她的所作所為，沒有一個人全程與她親身經歷，對於她的點點滴滴，恐怕也是每個與她共事過的同仁感受皆不同，對於無法有幸全程跟上局長腳步的總臺員工而言，回首過去，對局長的記憶絕大部分都停留在當時身為總臺長的她，帶領所有員工一起打拼那些日子的生活回顧。不管當時你是在哪個職位，哪個單位，多多少少都會有一個共同的感受，那就是總臺長有種不凡的領導風格與細心敏銳、追求卓越的特質。本人目前忝為高雄近場管制塔臺一員，特別借這個機會與大家分享幾件局長在總臺長期間的較不為人知的兩件小事蹟，也為歷史留下見證。

第一件事是在民國一〇〇年三月，正值總臺由ATCAS系統轉移至ATMS系統前夕的關鍵時刻，多類待辦工項如火如荼展開，各項規劃、訓練紛至沓來，全總臺員工均忙得不可開交。因臺中於轉移過程必須拆成兩部分，一半人員分發至臺北近場臺，另一半則需分發至高雄近場臺，空域也同時切割成南北兩部分，就某種程度而言，是轉移過程中最複雜的單位。

所有聰明、有鑑之士皆看出其中奧妙而不願屈就，當時臺中蜀中無大將，廖化做先鋒，想說總臺照顧本人多年，雖然本人也有個人退休計畫，且能力又是平庸的緊，在這艱困的時候總不能獨善其身，儘管有違個人本性，也只好硬著頭皮，臨危受命接下代理臺中近場臺臺長一職。剛開始茫然毫無頭緒，幾天後馬上接到總臺長電話，一點也不嚴厲，極盡溫和勉勵之意，除交代所有轉移期間必須注意事項外，同時答應將盡力從旁督導與協助，讓本人於孤立無援、開始後悔之際，如同溺水之人突然抓到木頭般的鬆了一口氣，心中也同時有我不孤單、總臺並沒有忘了我們的感覺。

果不其然，沒多久後，就又接到總臺長指示，將派臺北近場臺劉志鴻來幫忙，劉員生性勤快，到臺中後主動積極，開始協助所有搬遷事務、以及文物整理、清點、造冊等，幫助極大，讓我有時間好好整理思緒，準備其他工作項目。不久後，錢前副總臺長及臺北近場塔臺林昌富塔臺長也持續來電關心轉移相關進度，林塔臺長並幾次親臨技術指導，讓本人心中漸漸篤定，對整個系統轉移與南北搬遷有了進一步信心，終於能在轉移時刻到來時，順利完成任務。

事後得知，其實總臺長知道本人並無行政經驗，庸庸碌碌，弱點甚多，危機頗大，所以特別交代總臺其他長官給予特別關照協助及指導，有她的運籌帷幄，動用了群體的力量共同來幫助，才有後來臺中轉移順利的成果。

第二件事是在一〇〇年四月，臺中近場臺因為拆遷在即，大家離情依依，對臺中一切事務都很不捨，愁緒滿懷。可是箭在弦上，不得不發，於是計劃於同年四月八日舉辦關燈惜別會，準備向平常往來相關單位、同仁親友眷屬、過往同事等報告及惜別。但一方面憂心臺中地處偏避，與世隔絕，若邀請來賓恐因進出不易而打退堂鼓，又因當時與四二七聯隊關係尚未熟稔，經本人思考再三後，親自打電話向總臺長求救。總臺長認為此乃民航歷史上重要的一刻，具有不可磨滅的價值，應允屆時將率副總臺長等長官親臨，參與這歷史性一會。

有了這劑強心針後，本臺同仁信心大增，立即著手準備簡報資料、訂宴席、研擬來賓名單、寄邀請函、整理環境等等相關事宜，其中最重要的是請籌劃同仁親自打電話告知來賓，本次惜別會已邀得總臺長率錢副總臺長元琳與各級長官親臨指導。有了這張王牌後，果然不出所料，應允出席來賓非常踴躍，當天出席者計有臺中航空站王主任幼琳率航務員，四二七聯隊作戰科長及七隊隊長率領約二十名飛行員、漢翔試飛室吳康明將軍率尹禮雄等四名試飛官、三通航隊長率管制官、IBM石文曄經理、臺中近場臺歷任臺長張明財、張旭仁、佘安生、黃惠華、崔國新等五人及訓練所李必娟教官與本臺和助航臺同仁及眷屬等，席開十幾桌。

席間總臺長除向與會來賓致謝外，特別向本臺同仁表達慰問辛勞，同時向所有眷屬表示歉意，保證會在將來南北管會好好安頓這些遠道而來，離家百里以上的同仁，讓惜別會既感傷又溫馨，既不捨又感心，大家在最後互道珍重再見，圓滿結束。二十五天後，臺中近場臺正式走入歷史，這場惜別會可貴之處在於總臺長在面臨系統轉移前一刻，民航局、交通部、甚至行政院都拭目以待，個人壓力幾乎到達臨界點情況下，還能關照體會到總臺各角落的難處，毅然決然撥冗南下參加，充分顯示一個成功領導者之為與不為，以及洞悉人性的精準判斷。

上述兩事對局長而言，或許不算大事，對本人而言，卻有一番深刻的感受，或許對身歷

沈局長與陳竹模等人合影（左一為陳竹模）

其境的同仁也有同感也說不定。記得有次與局長閒談時，聊到退休後的規劃，她曾表示，先生準備一旦局長退休，將與她環遊世界，進入人生另一番境界。在這臨別之前，本人有幾句祝福的話想要說：

敬祝局長退休後
每天都是如意的一天
有風的自由，有雲的溫柔
睡覺睡到自然醒，打球打到手抽筋
環遊世界成功！

培訓人才也要照顧人才

好好培訓人員，也代表要好好照顧大家，這既是幫助民航局未來人力的發展，也是為了讓臺灣飛航領域能健康快速的發展。

所有公務體系的制度都是以朝九晚五工作人員方式來設計的，對少數一年三百六十五天二十四小時值班的公務員，相對的欠缺一套完整的規劃，舉例來說公務員的培訓，大都是利用白天的上班時間上課。但這樣的培訓，實務上隱藏了很大的一個盲點，這樣的受訓時間對辦公室的公務人員沒有太大問題，但是對值班的人，就完全沒法利用上班的時段受訓，因為他們的上班時間需維護導航設備、管制航機、機坪巡視，根本沒辦法離開位置。

這些人就必須要用不值班的輪休的時間上課，但值班人員輪值時段有時是一大早，有時是三更半夜，作息本來就與辦公室的人員不同，輪休時又因大部分的人都正在工作，很難不受干擾好好休息，值班多年下來因為生理時鐘紊亂，身體狀況都不是很好。在這種情形下，還要他們受訓又不得支領加班費，幾乎不

102 年 9 月 3 日沈局長監交飛航人員訓練所所長交接典禮

會有人想受訓。

管理不可忽略了休息的重要性

臺灣的法令很少顧慮到「人」，為了讓值班的人願意受訓，只好把訓練課程集中在上半個月，就是說在你還未上足一個月的時段（一百六十二小時）之前，你上課的時間可計算為上班時間，下半個月受訓則不得計算為上班。但這樣的訓練成效不彰，在人員的排班上缺乏彈性，造成負擔與困難，使原本人力就十分吃緊的管制人員，長期疲累不堪。這個單位沈重的問題，歷任的總臺長都不斷爭取解決，總是無解，在我任內費時一年半，單單呈報了二十三次公文，也只求得在 CNS/ATM 專案執行期間短期同意鬆綁而已。

各類值班人員都非常辛苦，尤其飛航管制員，他們的工作安排航機隔離，涉及飛航安全，是全世界公認最高五大壓力的工作，在擔任飛航服務總臺總臺長時的我，除了盡量設置一些運動器材休閒設施，便於同仁休息時使用，降低他們的工作壓力外，還特別找了心理諮商單位，幫忙飛航管制同仁瞭解自我心理狀態，並給予個別的協助（所有的資訊皆予以保密），也經由各方的管道，請了三位睡眠專家，來為值班同仁講解如何有好品質的睡眠，如何紓解壓力。

人總是需要休息啊！不可能二十四小時都在工作。尤其為了 CNS/ATM 專案，臺中、花蓮、臺東等單位均被裁併入南、北兩個飛航服務園區，他們離鄉背井，總不能值一天班，就又長途跋涉回家吧？（交通費需自理）我又發現他們備勤的宿舍是兩個人睡一間，想想看如果兩個人值班時段不同，作息不一樣，一個一早刷牙準備上班，另一個則是剛進入夢鄉，絕對會互相干擾。看到同仁疲倦的神情，我決定重新安排，將原本兩人一間的小空間，改成一人一間，讓每個同仁都能夠在休息時間好好充電，為下次工作時做更好地的準備。

要說我的公務生涯有什麼值得驕傲的，就是這類看似微小卻影響重大的事情，透過不斷的溝通了解，幫同仁徹底解決問題，好好照顧他們，幫助提升民航局未來人力的素質，讓臺灣飛航領域能更健康快速的發展。這些就是讓我很有成就感，最開心的事！

帶人帶心的沈局長

一〇四年六月十日 李琳琳

一個領導者要如何領導群體一起同心上戰場？如何讓群眾信服於你？我想沈局長在公務機關體系中的待人風格應算是難得的案例。

我曾任沈局長在總臺工作期間的秘書，一般人印象中，秘書總是有著光鮮亮麗、身材姣好的形象，而不巧的是，我非但不符前述的秘書形象，還是位後天患有遠端性肌肉萎縮症的中度身心障礙者。但她和當時的黃副總臺長仍大膽調任我當秘書，我只能誠惶誠恐的說感謝。

那段期間她採取信任及見機學習的方式來啟發我的潛力，常會藉著各項案件和我討論，讓我快速瞭解組織作業狀況；鼓勵我寫公文、教導我如何修改公文；有一次午休時間還帶我去參觀珠寶設計展，還拉著我去跟珠寶設計師聊天，讓我開開不同的眼界；有時候她也會對我發脾氣，當時我會很挫折，但隔天或隔段時間她會說明她為什麼生氣。她有時候也會自省發脾氣的原因對不對，邇後我慢慢釋懷，知道只有快速修正錯誤並不再犯，才是她希望的。

跟她相處愈久，愈發現她待人很真誠，完全不矯情，但又似能看透你心思。有一次有同仁要去美國華盛頓出差，回程要去COACH OUTLET掃貨，問需不需要幫我帶個皮件？那時想媽媽皮夾壞了，她一輩子也沒用過什麼名牌包，一個皮夾我應該買得起，就請同仁幫忙帶一個，沈總那時在場，什麼也沒說。後來同事回來幫我帶了一個皮夾…那天下午，她把我叫進辦公室，桌上擺著二個也是同事帶回來新款COACH皮夾，她問我覺得那個顏色好看？我說白色不錯，她說：「那這個給你用好了，我是多買的，本是想留著有機會當禮送人…」，我緊張的一直推辭，因為這禮有點太重…，她說：「你也幫我很多忙，這一個皮夾不算什麼，有時候女孩子總是會有一點點小小虛榮心，有個名牌包給自己滿足一下並不為過啊！你值得啊！」霎時，我眼淚差點奪眶而出，我不是因為得到一個名牌包喜極而泣，而是有種被貼近心口的感動，她不會讓我感到自卑，而是讓我覺得在她眼中我是被重視的。這是她的本事，她內心的柔軟與細膩的深度收買了不少人心，不是物質，而是那份貼心。

她對其他同仁亦是如此，同仁或眷屬生病，她忙著幫忙找醫生，同仁辦公環境欠佳，她找經費找人改善，她還曾說：沒錢沒關係，但不能窮酸相，要讓同仁更安心做事，也要讓同仁更抬得起頭。

沈局長與副總臺長黃麗君（現為總臺長）等人合影（左一為琳琳）

這樣的本事，在她任職局長後更發揮的淋漓盡致，面對國會立委甚至是一般民眾，她總是很有耐性的去拜訪溝通或是回覆，她堅信只有貼心的誠意才能打動人心，那才是服務的本質，於是對內對外，她得到了掌聲也得到了人心，她真的不同於一般印象中公務機關的首長，她是空前也是絕後的沈啟。

總臺長 您好：

謝謝您的紅包。也謝謝您百忙之中還掛念著我。在總臺工作三十多年了，這二年是我最最開心的時光。因為您的關心和不時送來的溫暖，讓我覺得辛勞有了代價，讓我覺得一輩子做個工友，而能受到長官的肯定和重視，就再也不是一件丟臉的事了。

謝謝您！總臺長

祝您 永遠青春，永遠美麗

祝您 天天開心，事事如意

張小紅 敬上 九十八年一月二十二日

發現人才的秘訣

懂得省思，也願意解決問題，是比較容易成長的人。

因為在民航局，畢竟也當上局長、組長，有一些領導經驗、看過不少的人，我常常被許多主管階層的人詢問領導人才的祕訣。

所謂看人的標準，其實很簡單，不是看他聰不聰明，而是只要看那個人懂不懂得坦然面對真正的自己、省思自己，也願意解決問題，這種人大概就是比較容易成長的人。最怕的是總是不承認自己有失誤，會一直推托解釋都是別人的錯，這樣的人是拒絕成長的人，比較麻煩，這類的人也比較難帶。

願不願意改變？

如果一個人願意面對真實的自己，做事的態度會比較謙卑，擁有願意學習的心，也就能讓許多事情更加圓滿，願意學習也就意謂著有改變的行動力，這樣做起事來也能有適度的彈性；反之，如果是一個對自己鬆懈，沒有習慣常常檢視自己的人，花大把的時間怪罪別人，這種人釀成大錯的機率就會很高。

就如愛因斯坦說：「聰明與否的評估標準，在於改變的能力。」自我感覺良好的人，或許有一顆聰明的腦袋，但是卻因為自信過滿，導致看不到自己的不完美；願意改變自我的人，平時的努力與反省反而使自己的智慧與日俱增。沒有人是完美的，能看見自己的問題，才可以變得越來越好。人的性格會改變、世界的競爭模式也會改變，因此，保持願意改變自己和投資自己的決心，機會遲早會向你敲門。

面對自己的錯誤，其實就像我平常所說，做事情哪有不出錯的，吃燒餅沒有不掉芝麻的，做不好沒關係，但是要把困難、問題丟出來。所以每次在會議時，我規定每個人都在會議中提出問題，因為透過找問題，才會發現要改進的地方。在提出問題的當下，也一定要提出解決方案，避免同仁永遠只會提問題而不會解決困難。

對自己坦白，真實的面對自己，換句話說，也是對自己夠熟悉、夠了解，有充足的認識自己，才能知道處事時要如何調整自己的節奏，使自己的腳步站得更穩。

我鼓勵年輕人晚一點再念研究所，一個人沒有實戰的工作經驗，無法將理論與實務合而為一，根本不太能體會現實狀況。現在念研究所通常都是大學畢業接著讀，但是我發現有絕大部份的人，其實是因為不夠了解自己，不知道未來怎麼辦，所以就想先去念研究所，有點像是把研究所視為就職前的逃避港口。我建議如果可能的話先進入職場學習，等人生有不同的體會以後，再去讀研究所會比較知道自己想要的是甚麼。

我看人的標準其實很簡單，就是看那個人懂不懂得省思、面對自己。

誰說一定要第一名？

航空管理、飛安領域都存在著巨量的專業知識與技術，因此如果只熟知紙本的知識，而沒有經過實務技術的磨練，等於有學習上的斷層。

公務人員多半都是考進來的，許多年輕人當然沒什麼經驗。觀察一個人是不是可造之材，不是調閱考試成績，而是觀察他們怎麼找問題、怎麼做事。從一成不變的值班、維修助導航設施、技術管理……有時很難觀察到個人特質，通常讓一個人執行專案，可以很快地分辨出這個人有沒有領導力。航管系統需要兼顧的面向很多，因此需要靠清晰的邏輯與明快的辦事能力，如果一個人能夠兼顧這兩種能力，無論獨立作業、團體作業都能有好的表現。

同仁對沈啟選才用人的心得分享

與眾不同的沈局長

一〇四年五月三十一日　林勇青

提到沈局長的用人策略，也著實令人驚奇。當年我也是在面試錄取後才知道這段驚險的故事。

民航局是個高度專業的航空業務管理單位，民國九十年民航局為了辦理新一代的航管系統建置計畫首次進行局外徵才。記得第一次面試時就見著大陣仗，時任民航局助航組的沈組長帶著副組長及三位科長擔任面試官，在三位科長輪番問完各科專業問題後，副組長接著從我的運動及嗜好再問下去，最後沈組長再考我專業能力及英文，第一回合後倖存三位候選人，隔二週再進行第二回合，直接考驗面對棘手問題的處理本事及想法。

面試完後老實說我滿頭霧水，怎會面試得如此轟轟烈烈？先試試你講的懂是否是真懂，再試試你的危機應變能力。直到數週後我被通知錄取了，想當然爾我覺得我應是第一名！結果進到民航局後沈組長才對我說其實我是第二名，第一名擁有頂尖的學歷及敏捷的口才，然而為什麼她沒選擇第一名呢？她對我說：個人行事作風是面試不出來的，她費盡心思找到可以對她講真話的人問出我們兩位候選人的「底細」後才做出最後的決定，表面看似大膽起用新人，然而這其間卻隱含了許多用人的學問。

當年民航局的助航組裡總共有三個科，一般單位人員請假，代理人往往只「代」不「理」，再不然就是簡單處理一下再待辦，然而在助航組裡我看到的是代理的另一位科長真的把公文當成自己的案子來辦，這除了證明單位紀律與同仁情誼之外，還有另一伏筆：為什麼他會辦呢？沈組長總會讓各科科長適時大風吹，在她的麾下，不但要專業，而且要全面。

民國九十六年沈組長調任飛航服務總臺的

在她的麾下，不但要專業，而且要全面。

101年7月沈局長與林勇青等人合影（右一穿條紋背心者為林勇青）

總臺長，那年南部飛航服務園區建築工程完工，新一代航管系統開始架設，歷經前二代航管系統建置的沈總臺長藉著這難得的大型計畫開始操練一群年輕子弟兵。我也從臺北調到高雄，從紙上談兵的設計規劃到真槍實彈的系統佈建，開始執行南部飛航服務園區的建物驗收、接管進駐、空間裝修及航管系統架設、測試、驗收、人員訓練與新舊系統轉移。

光看這麼多工作就知道不好玩，許多人覺得寫執行計畫是多此一舉，用講的就可以了。但事實上這在執行大型專案時是行不通的，因為它牽涉太多單位的協同合作，然而怎麼寫出到位的計畫就是一門學問了。沈總臺長是位大型專案管理行家，各階段執行工作推動前她一定要求寫出計畫書，藉此她可以知道你的做法是否週全可行，南部飛航服務園區各階段的工作推動也是由這一本本計畫書疊出來的，學會了大型專案管理技巧，功力就能提升一甲子，日後即使面對不同的大小專案推動，使用的管理方法都是相同的，執行過程也不致失控或空轉。

未來飛航服務總臺也將面臨組織改造，高雄裝修區臺的管轄也從原來的嘉義到恆春、外島的金門與馬公，將再加上臺東豐年、綠島及蘭嶼，在高雄如何讓遠在它處的人員管理及設備維護落實到位呢？這也是沈總臺長在調陞民航局局長前提醒我好好想想的一個問題，當年沈總臺長推動的每日簡報（**Briefing**）及待辦事項管控機制（**Action Item**），也成為讓各外臺到位的兩帖良藥。

在沈局長的麾下，學會了許多獨門絕學，有時她在看完我們的專業技術建議後她常會把你找來說：「我覺得怪怪的，但說不出來，你再回去想想⋯」，結果還真的被她料中了，改完再呈給她核批時，她就會說：「你看吧！」我想許多曾經身為她的專業幕僚也不得不佩服她這樣的敏銳度。

同仁對沈啟人才運籌帷握的心得分享

我所認識的沈啟局長

一〇四年六月五日　陳善相

記得沈局長剛到總臺擔任總臺長時，我正在臺中清泉崗助航臺服務，有一次沈總臺長到臺中視察，之後請同仁們每人寫出三項建議事項。她不但重視基層同仁的意見，也關心同仁，那時有位同仁重病往生，沈總臺長也盡全力協助撫卹，讓同仁印象很深刻。

北部飛航服務園區建置期間，我調至該區服務，那時沈總臺長針對當時我所寫第一份園區機電改善項目會議紀錄，每行親自批閱。批文中讓我感覺到她重視園區機電也支持改善，使得後續機電改善得以成功，還得到許多獎項。建置期間，沈總臺長更親身夜宿園區，關心同仁工作環境品質：如電視影像清楚否？消防指示燈亮度是否適當？備勤室環境是否舒適……等等。

有一天清晨五點多她起來巡視園區，發現景觀燈尚未熄滅，她詢問我如何改善，並提及為何半夜有馬達持續啟動聲音？當時委外人員回答因為消防管路洩漏，馬達自動啟動有問題

陳善相於 103 年當選交通部模範公務人員與當時葉部長合影

正在查修中；後來發現是消防栓接頭微漏造成。沈總臺長做事認真及重視細節的態度使同仁任事時不敢鬆懈，由此可見一斑。日後北管建置成功，完成龐大的航管自動化系統轉移計畫，實應歸功於她平日的嚴謹治軍、鉅細靡遺使然。

沈總臺長調任民航局當局長後，有一次臺中航空站電力開關燒毀冒出濃煙，她打電話給我，要我下班回臺中時先到臺中航空站協助處理。我趕到航空站查看，發現連原始的水電管線圖說都不完整，也很久沒有更新，經過一段時間查找問題起源並協調後，臺中航空站排解了問題。之後局長要我寫一份協助過程報告，並要求場站組機電科長技正來了解問題所在，更徹查全部局屬機關各航站的各項建築物管線圖說是否正確，以便日後遇有急難，才能迅速處理排除。

另外有一個案例。臺北航空站空調人員察覺站內環境溫度令人不適，但找不出原因，請我前去協助。經查航空站風門風向原設計為冷氣不外洩，修復後風門風向改為熱氣不進入；其實換個思考或換個角度就可以解決問題，而這正是沈局長常提醒我們的做事道理。

舉不完的實例說明她識人、用人非凡，靈活運作，其成功不是偶然。在此謹祝沈局長退休生活愉快身體健康。

人才，很多時候是磨出來的

困難的專案，能讓人才得到巨大的成長。

人才培訓的目的，除了幫助同仁們在面對公務時，有良好的處理能力；另一個重點，在於培養公務員遇上危機時的解決問題能力。我的工作能力也是從各種危機中淬煉而生。

早在第二代航管系統發展的十年計畫，系統運作架構都還沒成型的年代，我只是負責航管系統工程隊裡的副工程師。當時民國七十二年前後，全球民航單位都還是使用人工、電腦並用的半自動航空管制系統指揮空中交通，民航局經過長達一兩年的評選，選上了美國洛克希德公司，計劃以五年的時間將臺灣航管系統推向先進的全自動化。在漫長的五年中，不斷地與洛克希德公司開會，經過一連串的改進會議、測試……，到了民國七十七年，該系統交貨時，發現洛克希德公司進度嚴重落後，且與當初簽約的規格落差甚大，便決定終止合約。

那時候跟洛克希德公司開會，由於承包商依約需建置新系統，但是對方多位軟體工程師對航管作業的了解不夠，雙方產生很多溝通上的落差，只能靠不斷修改合約內容，希望可以讓整個計畫順利運行。結果到了最後階段，對方卻說是民航局超出合約規範。洛克希德包下的航管自動化系統，是整個十年計畫的關鍵核心，當初正是因為這項系統未能完成，導致後面很多事情進行的不順利。

雖然這是一個很慘痛的教訓，但卻也因為這個事件，讓更多的同仁磨練出高抗壓力，原本不熟技術領域的公務人員，也因為這次的經驗，增廣國際見聞，我自己就是從過往的困境之中，一次次跌倒再站起來，最後開闢一條屬於自己的道路。

那陣子，每天我都處於水深火熱的工作狀態，總是忙得疲憊不堪。在這個同時，我先生黃河明的事業卻蒸蒸日上，不料還接到要前往泰國工作的消息。那時候，他被調去泰國成立惠普分公司，需要找尋、租賃辦公大樓、辦公室內部裝潢、招募員工等忙不完的事。有一天他跟我說，要是我再不去泰國，他就要在泰國找女朋友了！我認真想想，畢竟他在異國人生地不熟，忙了一整天回家卻都沒有人能跟他說話，當然心情會很鬱卒。我真的感受到先生的忙碌和寂寞，因此決定向民航局提出辭呈，但在辭呈已到交通部的最後一刻，黃先生被調回臺灣惠普公司擔任總經理！我的泰國夢做不成了，只好勇敢的繼續留在民航局，繼續為建置第二代的航管系統而努力。

有一位以前在資訊管理中心工作的資訊工程師汪美惠，行政能力頗佳，她一直希望民航局更重視資訊管理的領域，後來經過她的提醒，我自己也體認到資訊科技在各項工作的重要性，就想看能否藉重她的行

民國 77 年河明被調去泰國成立惠普分公司，為了家庭我曾提出辭呈。（泰國曼谷臨時美麗的家）

政能力，改善長期以來技術人員行政不夠熟稔的問題。

經過評估後，決定將她調到飛航業務室當副主管。一開始她覺得非常的震撼，認為自己不懂飛航管制、更缺乏相關的經驗，要她在這個部門擔任副主管，似乎是一個很大的冒險。但任職一段時間後，她的表現愈來愈出色，同仁也很認同這位來自不同領域的副主管！我還記得剛開始她調到新部門擔任副主管的時候，看起來既惶恐又勉強，但是她的性格會主動跟同仁分享、討論，反而開啓了她對另一個領域的學習。

後來她自己跟我說，雖然在資訊部門待了至少二十年，但是這次的調職，卻是她工作多年來學習最多、收獲最多的時間。我很欣慰，其實她不管得到什麼樣的學習機會，若是內心沒有抱持著想做得更好的心，大概也看不到持久的進步。變得更好的心意像是防彈衣，當人們遇到挫折的時候，這個防彈衣就會發揮防衛功能，並且告訴自己：這只是一個過程，只要願意改進就好。

我的飛航業務室服務經驗

一〇四年六月八日　汪美惠

能讓自己急速成長的方式，有時候，就是離開熟悉的舒適圈，投入陌生的工作場域。

民國九十九年初，我被時任飛航服務總臺老闆的沈總臺長調派到總臺飛航業務室服務，從一個軟體工程師投入到專職總臺飛航管制、航空通信、航空氣象、航空情報等業務規劃的幕僚單位，並擔任副主管職務，現在想起來仍然覺得是一趟「美好的冒險旅程」。

對於從未從事主管職務的我，首先需要適應的是擔任主管工作，如何取得同仁的信任，進而讓同仁明白自己能協助他們完成工作。我想「誠意」是最重要的促進劑，虛心的向同仁請教並適時的給予建議與幫助，漸漸的建立了信任關係，做起事來就順利多了。

沈總臺長是出了名「嚴格」的老闆，卻是一位有大格局、有執行魄力的領導者，能帶領團隊往正確的方向大步邁進。做為她底下的幕僚，為了能減少挨她的罵，就要一次又一次的練習如何站在總臺長的「高度」想事情，仔細思考還有那些事情想的不夠周詳，規劃的不夠完整，經過一次又一次的反省、學習，漸漸的挨罵的次數減少了，發現自己已經大幅的成長，對於處理事情的方法、技巧，甚至是眼界，有了長足的進步。

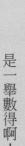

另外，在飛航業務室服務的期間，也學習到「團隊合作」的重要性，遇到棘手或複雜的事情，就召集團隊，一起討論、共同解決，透過腦力激盪，三個臭皮匠反而勝過諸葛亮，能一次次完成艱難的任務，也同時帶給自己與同仁成就感，彼此亦能相互學習，共同進步，真是一舉數得啊！

幕僚要一次又一次的練習，如何在站在總臺長的高度想事情。

在處理愈來愈多複雜的案件中，我瞭解到，要能成就一項工作，光有本職的專業是不夠的，還要能廣泛涉獵人事、預算、採購等等法規，再者，需要有良好的溝通、協調、合作的能力，能成事者，往往是具備這些綜合能力的人。

當初報考公職，真的純粹是嚮往公家單位穩定的工作，進入到公門後，才深深的了解到：在私人企業追求的可能是獲

幕僚要一次又一次的練習，沈局長與資訊管理中心同仁合影（沈局長身旁穿紅色外套者為資訊管理中心主任汪美惠）。

利、公司的成長，擔任公職的影響力卻是能遍及於所有民眾。能有機會進到飛航服務總臺服務，所轄管的工作又都是涉及飛航安全事務，在在攸關民眾生命財產的安全，也唯有以更謹慎、積極的態度任事，才能做好工作。

在飛航業務室服務的工作經驗，是我從事公職生涯的美好經歷，過程中當然也遭遇到各式各樣的挫折，但這段急速成長的鍛鍊過程，是我後續工作生涯極為重要的養份，藉由此段分享，也鼓勵所有從事公職人員能勇於接受挑戰、自我成長、積極任事。

重視團隊每一個成員

沒有分別心的重視各單位的工作專業，讓同仁更能互相協助，勇於任事，展現團隊的工作效能。

任何業務都需要整個機關全體的協同合作才能完成。不管在那個機關那個單位，除了重視核心業務單位外，我更常提醒同仁莫忘了人事、主計、秘書等幕僚單位，他們更需要你的支持，因為他們是機關中重要的支援單位。在我任內，常常安排核心業務專業知能或是通識行政、文書作業等課程，鼓勵各單位同仁踴躍參加，這樣才會知道彼此工作的關聯性，碰到困難要怎麼合作？我雖重視各單位的專業，但更希望透過互動讓不同單位更能互相協助，展現團隊的工作效能。

主計的心聲：我們絕對不是絆腳石

鄭淑麗、蕭淑心、劉伃真

一、卓越領導風格改變組織文化，帶領組織正向發展

綜觀古往今來，無論公私部門，多數的領導者多僅著重於業務發展，尤其公部門之領導者更視其他行政作業為推行業務的絆腳石。

民航局自沈局長上任後，無時無刻在每個相關的場合或處理每個案子時，展現全盤性思考及長遠發展的思維，如在會議上，除指導業務單位處理方針，同時徵詢人事、政風或會計有無相關法令之遵循外，並一再宣導行政程序的重要性，告訴同仁了解及遵循行政程序有助於業務推展更為順暢，而且保障大家免於觸法；業務上的疏失可以解釋是專業判斷錯誤，但行政程序的疏失可能就是直接究責甚至涉及刑責。沈局長透過行為、言語、鮮明卓越的領導風格，發揮實質影響力，扭轉組織內部長久以來漠視行政作業之觀念，這樣的改變，同時激

勵業務與幕僚行政單位同仁士氣，非但沒有讓本局的業務停滯不前，反而一再締造佳績、提升民航發展大步前進。

二、注重業務每一個環節，重視資源合理分配，改善舊有痼疾

民航局主計室長久存在人力不足問題，且受限於體制無法增加員額，造成主計室同仁工作負擔極為沈重；新人不願久任、出缺時乏人應徵之惡性循環，尤其增加了桃園航空城用地取得計畫，該案預算規模、編製型態、帳務處理的複雜性及未來龐大的經費審核數量，都是本局首見的艱鉅任務。

加上機場工程處人員多為派兼人員，不熟悉行政程序及相關法規，使處理案件的溝通協調更為費時耗力，對主計室業務負擔而言，無疑是雪上加霜；自沈局長上任後，全面性關注業務的每一個環節，除了專業，還重視人力、物（財）力的支援，資源分配得宜才能發揮最大效益。因此在辦理桃園航空城用地取得計畫時，沈局長親上火線爭取增加人力，並就新增人力的配置作通盤的配置，包括主計室新置專員及助理員各一名，終於紓解主計室現下人力匱乏的窘境。未來雖仍有補充人力之需求，但對主計室已是莫大的鼓舞及對主計工作的肯

定，讓我們願意更加倍地為機關賣力付出。

三、透過訓練凝聚共識，並傳承經驗、分享願景，激勵同仁共同達成目標

沈局長透過多樣化的訓練課程，包括講習、宣導及實地觀摩，讓業務與幕僚行政單位相互交流學習，了解彼此業務概況，例如讓主計人員參加機關核心業務訓練，增進業務了解，使得：

（一）化為主計共通語言，俾利爭取預算

所有預算審查機關均以主計單位為彙整意見窗口，又主計單位使用語言相同，參與機關內之核心業務教育訓練及參訪活動可增進了解預算編列項目之合理性及必要性，可將業務面需求轉換為能與審查單位溝通之語言，俾利爭取預算，使業務順利推展。如一輛機場消防車編列三千多萬元，面對預算審查時看見帳面數字很大、生硬、無感，經參訪活動看見實體，機場消防車有偌大水注及強而有力之滅火良藥，該筆預算經費就變得合理、必要、有感之數

字。事後面對預算審查機關之提問，可協助審查機關了解本局預算編列情形。

（二）增進業務橫向溝通，協助解決問題

因參與機關內核心業務訓練對業務之了解，未來於執行內部審核與業管單位溝通協調時，變成會以業務單位立場考量，進而協助解決問題。

除此，沈局長不吝傳承個人寶貴的實務經驗及分享對民航的願景，凝聚同仁的向心力與共識，俾共同達成目標。

四、經常宣達各業管承辦人應了解自身所管之業務，俾利帳務清理

依規定民航局承辦組所管之債權憑證應辦理債權之清理，惟長期以來過於侷限專業認定債權之清理非屬其業管權責，雖經多次溝通協商，該組仍遲遲不肯動手辦理。

俟局長到任後，經常宣達各業管承辦人應了解自身所管之業務並積極追蹤整理，進而影響該組承辦人之態度，使得本室再進行溝通協調時，該組終於同意依規定辦理債權之追蹤

清理，且訂定「航空安全違規事件調查處理手冊」附件七，規定債權憑證應隨時清查，並於每年七月三十一日前至少清查一次，經該組清理債權憑證，有債權憑證之受處分人繳回其罰款，對本局帳務清理甚有助益。

五、用心體貼同仁需求，循程序根本解決問題

猶記得沈局長甫上任，即親自召開本局暨所屬機關什項設備額度檢討會議，初時不解該項最不具爭議且由來已久的議題，何須局長親自主持？會中局長娓娓道來在總臺長任內視察各區臺時，發現值班室破舊甚至發霉的床舖桌椅等相關設備，如何讓值班人員獲得應有的休息？如果機關不能提供或滿足員工的基本需求，如何要求員工發揮應有的生產力？局長關心體貼同仁的那份用心，著實令人感動與訝異……，訝異是因為這麼微小的細節，局長都替同仁著想到了，而且有別於其他主管蠻橫索求各種福利的心態，自然而然地讓所有與會者，包括秘書室及本室等行政單位都願意盡力協助解決問題。

六、重視預算審查俾利業務推動，審查後的軟Q豬腳便當，永遠飄香

在沈局長任內，預算不再只是主計室的事，而是機關大家共同參與的事，為立法院審查本局一〇四年度單位及民航事業作業基金預算案，局長分別就單位預算及基金預算邀集相關組室召開會前會，針對預算處理程序、提案型態、近三年立法委員關注議題及預算審查遭質疑項目編列說明進行了解且預為準備；並責成各相關業務主管重視預算審議程序。

另外局長對立法委員近期關心項目特別注意，如：林明溱委員持續關注追蹤的臺中滑行道工程進度、陳根德委員問航空城計畫之預算編列情形及其進度，只要委員一上臺質詢就準備需回答其相關問題。

復為使立法院審議民航局預算順遂，局長於預算審議期間積極與立法委員溝通協調、妥為說明，甚至於審查前親自拜會委員，俾利化解預算編列相關疑慮，爭取委員對預算案之支持，進而有利於民航局各項業務之推動。而在立法院審查後，局長體恤相關人員，請他們大啖美味軟Q的豬腳便當，豬腳味美，局長的心意更醇美濃厚，久久回味無窮。

作為機關幕僚行政單位的主計室，需要首長支持與協助的應該就是首長全盤性考量的思維、合理分配資源，並能一視同仁、待一條鞭體系同仁為機關內部同仁一樣的用心，或許我們不是最重要的份子，卻是業務推行不可或缺的螺絲釘，我們有人力、物（財）力的需求，也需要首長的肯定。

人事同仁對沈啟關懷人事的心得分享

直爽麻利的局長

周蓮芬

局長退休的時候有同仁製作了一段影片，說局長是民航界的俠女，頗能引起大家的共鳴。

一開始和局長共事卻只覺得「好兇啊」。因為局長其實是一個不太擅於表面應酬的人，所以談起事情來就是一板一眼的，臉上也比較不會刻意露出「和藹可親」的笑容。雖然如此，在直爽麻利的談話當中卻能感受到對事件處理的誠意和解決問題的急切。久而久之也習慣了這樣的討論事情方式，而且可以「快、狠、準」的直入核心，只是這樣偶而也會讓我們這些當部屬的不小心小小的「忤逆犯上」，不過只要不是太過份，就事論事，局長倒沒有生氣過。

局長的不假辭色和直言不諱不只是和部屬，遇到該據理力爭的事情（特別是涉及同仁權益時），就連對她的長官們也是「毫不遜色」的直言相向，我總覺得大大長官們對局長滿是又愛又恨的情緒。為了局裡承接辦理桃園航空城的案子，但卻沒有支援任何人力的情況下，局長不只一次的帶著相關人等去部裡向長官們爭取人力，不僅讓長官們一個頭二個大，也

美麗氣質且貴氣逼人的女性局長，在當時可真是轟動一時。(103年2月6日華航企安室餐會)

因為人員移撥及支援的問題，得罪了部屬機關一缸子的局處首長們。

我覺得女性首長真的很不一樣，以前沈局還沒當局長時，在立法院會大家常常「遠觀」美麗又氣質出眾的觀光局賴瑟珍局長，充滿了崇拜之情。後來賴局長退休了，民航局立馬當仁不讓的補上個一樣美麗氣質且貴氣逼人的女性局長。這在當時可真是轟動一時，因為畢竟觀光局感覺上是個較柔性的機關組織，民航局卻是一個需要不時衝鋒陷陣的機關。

局長上起戰場來確實不讓鬚眉，而且體力驚人的好，有一次我不知是幸還是不幸（呵呵），跟局長一路從早上八點的會前討論一直開會到晚上八點，我已累成一灘爛泥，局長還是精神抖擻、眼神晶亮，真是令人…歎為觀止。

雖然如此，局長在小細節上仍有女性的縝密心思，比方說她會在下班後到各辦公室去走走。航空局座落在老式的建築裡，承辦同仁辦公室的那一側沒有一扇窗子，她發現下班後必需加班的同仁所處的辦公室沒有窗戶，是既悶熱、空氣又混濁的密閉空間，她立即要秘書室在各辦室加裝空調扇，使同仁的辦公場所立即從地獄回到人間。

前面提到辦理航空城業務的機場工程處，辦公地點更是臨時拼湊起來的，礙於辦公處所租借有其一定的條件，暫時無法解決。但在局長微服出巡後，卻立即改善了工程處辦公室的照明問題，有效保護同仁的視力與健康。

局長對於人事的處理更是慎重，局長總說把對的人擺在對的位置上才能把事情做好做對。因此在用一個人時，特別是各級主管的職務時，局長總是考慮再三，不僅自己細心觀察，還會找不同的人來問問對此人的看法。遴選主管職務時，局長不僅僅是考量專業問題，反而是把重心放在此人的待人處事及是否具有領導能力上，她說，所謂的領導包括能將一個團隊帶領為一個團結合作、同心協力的團體，也要能夠指導團隊同仁不斷的向上學習…。

講到「對」這個字，局長還曾說過，她也不是每件事都是像我們看起來的那麼厲害、那麼周全，而是她知道什麼事情該問什麼人，也就是問對人。這事說起來容易做起來難，哪個才是對的人、會給對的答案，這可是需要大智慧的。

當公務人員那麼多年，一直有著法理情的觀念。凡事依法行政，法就是作為或不作為的擋箭牌。有一次參加某一組室的業務簡報，提及一位民眾要求本局就某一作業項目作修正，組室的建議是法有明定不宜更改。局長就說了，如果民眾所提建議是合理的，而且是對飛航安全有所增益的為什麼不能改，法有明定就修法啊！這才是順應民意、才是與時俱進、才是加強飛安。真是當頭棒喝啊！

「該修法就要修法」的這個觀念，在參加某一組室的業務簡報後，我的感觸就更深刻了。因為以往業務單位的專業性會議，人事、主計、政風及秘書、資訊等單位是完全不參與的，因為專業性實在太高。但是局長來了之後反而每次都要我們這些輔助單位去參加，而且還要問我們懂不懂，她覺得我們懂了，別人才會懂。這又讓我多添了一個好觀念，那就是如果我們要別人協助我們或我們要去做個簡報，讓對方懂才是最重要的，而不是一味打高空的講著一些專業術語，讓人丈二金剛摸不著頭腦。

除了讓輔助單位參加相關會議外，局長還特別辦理了各組室的業務簡介課程。民航局各組的業務不僅專業性高，而且彼此獨立又相連，因此局長要各組在簡報時不僅僅要簡明扼要、清楚易懂，還要能講出與其他組室的關係在哪裡。我覺得這一點最厲害了，因為她讓原本各自努力的組室，在聽了彼此的報告後有了親密的連結，大家都看到了對方的辛苦與努力，也瞭解到當遇上某個案子時除了本身之外，還應該和哪個單位先行溝通，才能夠把事情做得更完備。

雖然貴為局長，但局長卻有著親民的一面。她會記得每位同仁的名字，見到面也會親切的打招呼，常常讓同仁覺得受寵若驚。局長也是個隨興的人，有一次局長和我們一起去宜蘭玩，她局長原本說要去吃一家知名的鐵板燒，但被我們這群「忤逆」的部屬否決，說要去吃羅東夜市，局長也就順應民情穿著她美美的長裙和我們一路逛著夜市、吃著路邊攤。在羅東夜市前有一個排隊蔥油餅很好吃，局長也是跟著我們買了就在路邊吃將了起來。

局長對同仁的關懷是很入心的，我二哥過世那年她特別請爸媽上山去賞櫻、散心；那年一位綠島的同仁在颱風夜裡因公受傷過世，她特別親飛離島給予家屬最大的安慰；過年時她體貼的依民俗風情給喪家送上一份年糕……。

她經常親飛離島，探視同仁。（沈局長102年8月3日與七美站的德安航空人員合影）

兩年，和局長共事兩年，說實話每天都有點緊張，但只要有被局長找去，不論是被罵也好、是交代事情也好、是討論案件也好，甚或是聊聊天也好，都會有收穫。因為局長總不吝惜把自己的經驗分享給我們，有榮耀的，也包括受挫的。她總希望她的經驗能讓我們走得快些、少跌倒些。我只能說在局長任內的這兩年裡，在知識與人情事理方面我是吃飽吸足，而且還意猶未盡。

民航局秘書對沈啟貼身觀察的心得分享

我們磨合度還不夠

一〇四年一月十五日 夏淑真

敬愛的局長：

認識您應有二十年以上，記得剛進民航局秘書室時常可在一樓聽到您動聽的歌喉，狐疑在公務單位怎會有如此開朗外向的公務員（認知上古早的公務員都是古板型的），之後偶而間接與您業務接洽時，總讓人覺得這位長官很客氣、不會官腔官調。

慢慢在公務上與您有更多接觸一直到您接掌民航局長一職，跟您才算是真正的朝夕相處，說真的剛開始頻頻出狀況時好害怕，加上局長您對我說「我們磨合度還不夠」，當時我真的是心驚驚，再加上有些不了解您個性的人說的煞有其事的，讓我自己內心開始打了「？」，難道真的「伴君如伴虎」？當下也對自己說再努力，若磨合情況未改善我就請調到業務單位去學習。但是，愈是跟局長親近愈能慢慢體會局長的用心，今天您能指正表示我還有進步空間，若您不給予指點改進表示我就只能原地踏步了。

沈局長與秘書夏淑真合影

您是民航第一位由基層工作一路深耕累積經驗的女性局長，在這二年多的時間看到局長您對人、事、物細膩的觀察及果斷明確迅速決策，是我所見處事明快且設想週到的長官，很多不可能的任務在您堅持下都迎刃而解了。例如北管交通費、員額請增、假日同仁加班辦公室空調改善、警衛臺冷暖設備添購、甚至盆栽美觀等等……，由這些地方都可深切體會您的細心，儘管公務上您的要求對有些同仁來說是壓力，但反向思考其實是助力。

您常說做事要多方思考，舉

一反三，不僅看眼前也要設想未來可能發生的問題，在國際事務上各國的風俗民情亦應事前多瞭解，避免造成對方的困擾。然而大多數同仁卻常因局長您的發號施令的「口氣」而慌張，甚至有公務面報時先打通電話問我「今天是什麼燈？」、「心情如何？」等等，我這秘書又多了一項回報各組室看燈辦事的工作，我試著去緩和同仁怕局長的氣氛，希望導正他們錯誤的觀念，因為您的責難都是為局、為同仁，才會要求這要求那，這對您來說太不公平了！

對基層員工您更重視並設想週到，就我而言，是您讓我獲得很多福利，還有花錢也買不到的經驗。您幫我爭取後勤支援的人很難得的記功嘉獎，不時提點我秘書的工作應該如何更週延，在您身邊真的受益匪淺，對了，我還經常有口福吃到好吃的沈媽媽作的香腸、臘肉、蛋餅、炸排骨等等……，想到這些讓我肚子不自覺餓起來了。

退休前這段時間您更是辛苦，公事、家事兩頭忙，看在眼裏真有不捨，人家退休前一個月就開始休假，您卻是要勞心勞力工作到退休前最後一分鐘。您能做到這職位真是無話可說，如此賣命的官員是國家的福氣，政府應發「感謝狀」表揚您在民航局的貢獻。

臨別我內心充滿感激與不捨，有太多想說的感謝無法一一道盡，您要退休最高興的應是

夏淑真 敬上（用手機編輯的素描）

黃董事長。以您的個性我看退休後也不會閒下來，仍然每天充滿活力的向前衝，不同的是可以開始自己的退休生涯規劃了。別人我不管，妳一定要開心喔！

祝福我最敬愛的局長、Super Woman、女俠，退休更美麗、年輕。

肆

專案篇

那些年我們一起學到的事——ATCAS

失敗是真正的學習，絕對能讓你學得更多，成功的經驗永遠比不上失敗的教訓

面對國內外民航事業快速的變遷及國際民航組織(International Civil Aviation Organization, ICAO)的要求，民用航空局於民國五十八年九月一日在臺北將原有飛航管制處、航空通訊總臺、航空導航總臺及臺北航空氣象臺等四個機構合併設立為「飛航服務總臺」（以下簡稱總臺），負責執行臺北飛航情報區內飛航管制、助航、航空通信、飛航情報與航空氣象等服務。

四十年飛航服務演化史

就發展過程而言，前二十年配合政府十大建設政策，規劃完善的臺灣桃園國際機場第二類儀器助導航系統；順應航空解除管制及開放天空政策全球化趨勢與政策之實施，佈建臺北飛航情報區航管系統十年發展主計畫，提供臺灣在航空運輸穩定成長的契機。

近二十年，飛航業務重視人員培育與科技的發展，在安定中求進步。航空電子裝備由真空管演進到電晶體，進而積體電路；在飛航管制方面，由原來的人工管制方式進步到雷達管制，再經由科技的不斷推陳出新，構成我國飛航管制終端及航路的全面自動化作業；在航空通信方面，有關各類飛航電報的交換，由原來的人工到半自動，再演化到自動轉報系統全自動作業；在航空氣象方面，亦以最現代化的氣象數值預報模式及先進的都卜勒雷達偵測機場近場區之雷暴雨、低空風切或亂流之預報和警報資訊，提供飛行員即時且適切的氣象資料，以取代早期人為主觀之分析和製圖；在飛航情報諮詢方面，亦建構了標準化的飛航情報作業。

桃園國際機場第一代（前方）與第二代（後方）都卜勒氣象雷達。

我國航管自動化系統演化史，自民國六十三年起大致分成三個階段：「第一代航管自動化系統」，創始於民國六十三年，屬半自動化系統，主要特性為單雷達處理，涵蓋航路雷達自動化系統、中正、臺中及高雄終端雷達自動化系統。

因初期的「第一代航管自動化系統」功能

較為簡單，有鑒於安全性與可靠性不足，遂於民國六十八年到七十八年進行「航管十年發展計畫」並於民國七十二年一月一日成立了航管系統工程隊，推動「第二代航管自動化系統」(ATCAS) 之規劃建置，它包含一套航路自動化系統及三套終端自動化系統，並結合了雷達資料處理 (RDP) 與飛航資料處理 (FDP) 等提供多項功能，惟期間因第一次得標的廠商無法完成合約，延至民國八十年展開第二次招標，終於由得標廠商於民國八十三年八月完成系統建置，經過一年多嚴謹的信心測試、人員訓練，於八十五年三月正式啓用。

在此同時，國際民航組織（ICAO）為因應未來民航運輸成長的需求，突破傳統地面助導航設施架設的限制，並有效提昇飛航安全及效率，於西元一九八九年第三十一次大會開始規劃，提出一套以衛星及數位化技術為基礎之通訊、導航、監視（CNS）系統，來支援建立一個全球通行適用的飛航管理（ATM）系統，此一新系統可以藉由先進的科技與嶄新的飛航程序，克服傳統飛航服務系統先天條件之限制，有效改善飛航服務系統之效率與品質。

為了與全球 CNS/ATM 無縫接軌，民航局於民國

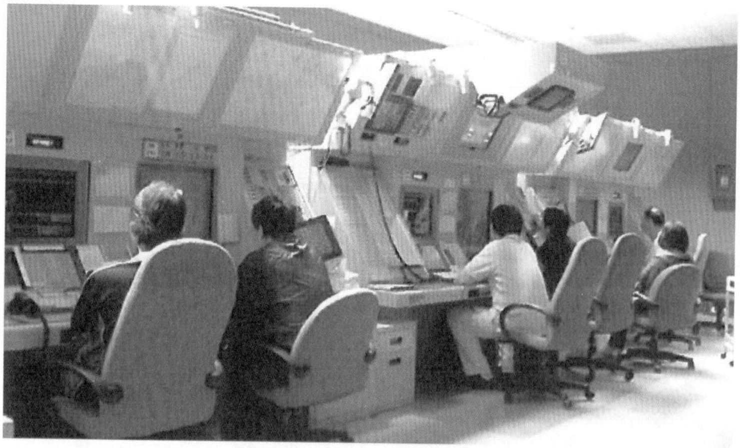

第二代航管自動化系 (ATCAS) 包含一套航路自動化系統及三套終端自動化系統，於民國 85 年 3 月 6 日正式啟用。

八十七年再度著手推動臺北飛航情報區通訊導航、監視與飛航管理（CNS/ATM）發展建置計畫，計畫目標在依本區飛航需求及ICAO所提之CNS/ATM概念，建置可滿足至公元二〇二五年飛航服務需求之系統及作業程序，也就是簡稱「第三代航管自動化系統」，以增進飛航服務品質與效能。計畫於九十一年十二月終奉行政院核准，全案預算新臺幣四十六億元，計畫期程則自民國九十一年至民國一〇〇年。

前車之鑒

在介紹我國一〇〇年完成第三代航管自動化系統——CNS/ATM專案執行計畫的經驗之前，不得不先提起我國在七十二年第二代航管自動化系統ATCAS。它是我國第一個用系統工程的概念引進的一套系統採購、建置、測試、驗收的做法。當年毛瀛初局長看到日益快速成長的空運，深覺十大建設之一的桃園機場硬體建設雖已完工，但攸關飛航安全甚鉅的空中交通管理系統等的軟體建置，更是刻不容緩。在國建會推薦的機緣下，特別引進了美國麥特顧問公司，以他們從前協助美國聯邦航空總署的經驗，來協助民航局建置一套包括航路及桃園、臺中、高雄三套終端自動化系統，這個系統建置前後共花了十五年時間耗資四十四億。

ATCAS計畫在民國六十九年獲行政院核定，七十二年民航局與洛克希德公司簽約，合約金額新臺幣十二億元，但因進行不順利，歷經波折於七十七年解除合約，七十八年雙方互告求償，纏訟迄今，目前尚在審判程序中，但在當時舊的航管系統已不得不汰換，民航局不斷向上呈報，終獲當時行政院郝院長同意，另案招標，於民國八十年與 IBM 簽約，八十三年驗收，八十五年啟用。

在這一段艱苦的歲月，除了面臨與洛克希德公司的合約爭議外，也遭到另一標案落選的廠商不斷的向監察院陳情，時間長達一年，陳情次數十九次，同樣內容的陳情書全面分送總統府、立法院、監察院。回想起那一段時間真是慘痛，每天寫不完的報告，還要奔走於立法院，各行政單位，說明再說明，再加上我的婆婆生病，自己又同時在政大企研所念碩士班，真的是欲哭無淚，都不知怎麼熬過來的。如今回想歷歷在目好像是昨天才發生的事，但是經過這一次磨練後，由於碰過的場面多了，變成甚麼都不怕了，也深深的讓我體認「失敗絕對能讓你學得更多，成功的經驗永遠比不上失敗的教訓」！

任何事在成功之前，總難免經歷挫折、學習、成長、完成等步驟，這個長達十五年的系統工程建置經驗，雖然說我當時在航管系統工程隊只是擔任一個小小的副工程師，真的學到很多。也由於這個專案使我對各個公務體系的橫向整合有了更深入的認識，在心中初步建構了系統整體的概念，對我後來的公務生涯有著很大的幫助。而對整個民航局來說，這段時間也訓練出一批具有民航系統工程觀念的人才資料庫，為後面 CNS/ATM 的建置培養所需的人力資源。

情書寫得好就嫁給他？

這個長達十五年的計畫，在我公職生涯中影響甚為深遠，學到了好幾件事⋯。

第一件事，師法顧問的長處。為了這個專案，民航局特別請了麥特顧問公司擔任顧問，最初幾年由麥特公司的邢承中博士擔任駐臺北辦公室主任。這個大型專案全套做法採用美國軍方標準。系統規格要求鉅細靡遺，甚至包括各項會議記錄的寫法，（所有會議記錄必須依合約資料第三項規定，紀錄：參加人員名單、時間、地點、討論事項、待決事項；會議記錄必須由技術人員當場撰寫完成，並在會議結束時，當場簽署確認；各個未完成待決事項（AI，Action Item）必須包括：這個事項由誰提出？何時提出？內容為何？未來如何解決？各項AI在每次相關會議追踪討論，如有解決方法就儘速執行。）這樣一絲不苟，緊迫盯人的戰術，各項討論均會有重點有進度，不會脫節或是不斷擴散。

第二件就是文件準備完善的程度。在ATCAS案中，我第一次見識到美國政府採購局（GPA, Government Procurement Agency）的做法，招標前必須備好標案的十三種相關文件，除了系統A-level的規格書外，還包括政府應準備事項（SOW, Statement Of Work）、未來應交付文件、測試計畫、訓練計畫等等。

第三件，是關於廠商投標文件的評斷。好的投標文件是否等同於好的履約品質？當時ATCAS案共有四家投標，A廠商投標的價格是洛克希德公司的二倍，B廠商是價格一倍半的義大利廠商（這家義大利廠商對於我們所提出的期程很有意見，在投標書中就明確表示：若依這樣的期程，無法也不可能達成，最後他們自動放棄。）結果是由價格標最低也有標單承諾能完全符合期程的洛克希德公司得標，Proposal 寫的非常好，卻在後來變成解約的情況。

當時，我們團隊就一直探討這個問題：評選廠商就一定要依標單來選嗎？

Proposal 寫的好，就如同一個男人的 love letter 寫的好，你就要嫁給他了嗎？難道無法從其他方面去了解該公司的執行力以及以往的經驗嗎？到今天這個問題在一些系統工程的採購案好像還是無解，現實上雖能查到部分的參考資料，但實際的執行力，卻很難在文件上判讀出來！

前事不忘，後事之師

在民國六十、七十年代，臺灣很多優秀人才都遠赴美國留學，並進入美國大公司工作。在 ATCAS 招標案中，民航局為了落實技術轉移，要求承商必須在臺灣設立分公司，但是如今回想起來頂尖的人才在各個航管系統公司都是寶貝，臺灣對他們來說既偏遠且不算是先進國家，好人才寧願留在總部或派駐歐洲也不願外派到臺灣。這一點，除了洛克希德公司外，麥特顧問公司也有類似情形。當時洛克希德公司為此專案來臺工作的人員中，有很多是留美學人，他們告訴我們回來為國家盡一份力，可惜由於欠缺航管的基本實務經驗，雖然都非常努力，技術能力也非常傑出，最終仍然宣告失敗。

印象最深刻的事，是在民國七十七年六月民航局與洛克希德公司幾乎攤牌時，美國洛克希德公司總裁為此案特別專機飛來臺灣，我和工程隊另一位同仁候建文，被陳家儒局長指派參加開會。會中不知那來的膽子，面對統領這超級大公司的總裁一條一條指出他們的缺失，毫無懼色。現在想起當時的場面仍覺得好笑，可能是層級差得太遠，初生之犢不畏虎，不曉得怕。

航管新系統需求迫在眉睫，總不能一直訴訟下去，後來行政院同意另案招標，此時我已擔任工程隊的兼任組長（實職仍只是七職等管制員）。這次我學乖了，買現貨！（COTS，Commercial off the shelf）不敢再說從頭建置，所有事項管控一定在合約規定期限內完成。由洛克希德失敗案例中，大家都狠狠地學了一課，也更嚴謹地看待合約及廠商執行能力。

不要隨便點頭

前後十幾年與承商不斷的打交道，看到許多文化差異造成的誤解。例如開會時，我們會不由自主的點頭表示了解，很多外國人告訴我，點頭在他們看來就是同意或至少不反對。後來在後續會議中，我特別向承商 IBM 說明，開會時若我方的要求有超出合約範圍之虞，請立即指出，我方會再詳細說明需求，雙方再確認，若真有超出合約部分，就於會議記錄寫明，民航局會再內部討論，確認是否執行，再告知承商是否實施。經過這樣的流程，數年來 IBM 執行 ATCAS 一直到順利完成，都沒有超出合約的狀況。

不要怕！勇敢說英文，他們的中文比我的英文差

我雖然唸過一年臺大外文系，但畢竟是嘉義女中畢業的鄉下孩子，以前沒有和外國人對話的機會。現在經常得開口說英文，我當成是一個自我挑戰的好機會。每次開口時，只要想到：他們的中文絕對比我的英文差，我就豁出去了！我永遠記得民國七十二年十二月二十日雙方第一次開初步設計會議，對面坐著黑鴉鴉一片數十位西裝筆挺老外（其中包含十幾位我國留美人士），陣仗十分嚇人，我聽到自己心臟噗通噗通的聲音。

我那時告訴自己：今日不開口，明日會後悔。你們的中文比我的英文差，何況會議內容討論事情自己已下足功夫熟悉的很，要講的話也都用筆寫下來，怕什麼？也不知道什麼時候開的口，從此啥米攏不驚，見到老外沒再怕過。話雖如此，在經歷了多次國際會議及新航 006 事件後，我知道自己的英文還稱不上好，有些用字也不夠精準，像是 temporary 和 permanent，我們一般的翻譯就是暫時和永久，新航事件發生時，由於桃園機場工程需進行數週。我們就做了一些臨時的警示設備，後來請教一些 ICAO 十四號附約（機場）的專家，他們認為 temporary 一般說來是幾天的時間，而非數月，這些卻讓我非常震撼，學了這麼多年英文，用字的精準、字的真正意涵還有很多要學的。

技術外的要素

在這個專案的十幾年過程中，我體驗到很多技術外的現實面。當年我們一群人借調民航局工程隊，每年年底在打考績時（當時考績甲等人數約為百分之五十），由於原單位認為我們沒有貢獻，連續幾年考績乙等。除了考績，就連在年終尾牙也會遇上不知道要算作是哪一個單位，民航局認為我們不是民航局本部員工，總臺認為我們不在總臺上班。有一年在總臺的尾牙摸彩中我獲得頭獎，當場有人說我不在這裡上班，不可以領獎，這些經歷使我深深了解借調人員的處境。後來在執行桃園航空城計畫時，從高鐵局借調的有幾位同仁也因名額限制，對原單位貢獻度的考量，考績也被打成乙等，我趕緊去找葉部長幫忙，因為辦理航空城一案同仁非常辛苦，理應獲得好的考績。

任何一個大型專案的執行，一定少不了人事調度、經費的支應、檔案管理、總務、合約的爭議，工作成員在後續測試訓練期間加班費、差旅費的支應……等行政作業，不要小看這些，後勤支援影響甚大，對工作成員的士氣和團隊力量的凝聚十分重要。所以如何讓各支援單位與業務單位全體一起參與，了解各部門工作整體共同合作，也是後續 CNS/ATM 專案中成功的要素。

當時我奉派到政大企研所唸了三年科技管理班，並在最後一年一鼓作氣考上政大企研所，將企研所所學到的一些管理理論，很多應用到工作上。曾經有缺乏行政經驗同仁，常跑來質疑且抱怨主管，我就說：「你來扮演一陣子組長的角色，所有公文都讓你鉛筆先行處理，最後才比對我的處理方式。」這樣做不到一個月，再沒聽到他的抱怨聲了！

在工程隊的十幾年自己真的成長很快，有了麥特公司先進的管理理念（工程隊是民航局第一個用傳真機的單位），每週與洛克希德用英文開會三天，每次會前對相關文件的研讀、開會當晚對當天討論資料的整理及思考、每個文件拿到手就要先寫上日期、參與人員的名字、文件的歸檔……這些基本動作，使我在文件管理上養成了好的習慣。我深深體認再好的記憶維持不了幾天，一個文件，幾年後你能記得確切的日期、當時的與會人員嗎？所以一定要做當場就寫下來的動作！

對於與廠商合作專案執行計畫，我有很深的感悟，有幾句話送給大家：

人選對了，事就對了

抓粽子頭，注意側翼

顧問相輔，專業在己

以同理心，創造雙贏

民國85年3月6日航管自動化系統啟用（左二為陳家儒前局長）

飛航新紀元——CNS/ATM

多管齊下，軍心立定，專案得以向前行。

CNS/ATM計畫目標係依據臺北飛航情報區區飛航需求及ICAO CNS/ATM概念，建置可滿足至公元2025年飛航服務需求之系統及作業程序，也就是簡稱「第三代航管自動化系統」，以增進飛航服務品質與效能。計畫於九十一年十二月終奉行政院核准，全案預算新臺幣四十六點五四億元，計畫期程則自民國九十一年至民國一〇〇年。

為有效執行此一巨額投資之計畫，民航局於九十二年十月完成CNS/ATM計畫顧問案徵選，由美國MITRE公司、紐西蘭Airways International公司、財團法人工業技術研究院及國立成功大學共計十八名成員組成，並將CNS/ATM計畫後續之系統建置作業交由飛航服務總臺執行，總臺隨即成立「飛航管理系統工程隊」，與前述顧問團隊合署辦公。

本計畫分「通訊子計畫」、「導航子計畫」、「監視子計畫」及「飛航管理系統子計畫」等四項子計畫。

預計於民國一〇〇年建置完成啟用，改善航空資料交換及處理能力，擴充航機監視範圍及改進助導航能力，降低航機隔離並增加空域使用容量，提供更安全、有序及快捷之飛航服務，進而鞏固臺北飛航情報區於國際民用航空界之實質地位。（本段文字內容參考摘錄民航局飛航服務總臺四十週年專刊）

我在 CNS/ATM 專案投注十年時間

以理性的方式完成感性的目標　事情有難易，但其中的道理都是相通的

社會對公務員有刻版的印象，認為他們安於現狀，害怕新科技新知識，我不全然認同。在民國一〇〇年我帶領同仁完成我國第三代航管自動化系統 CNS/ATM 專案，成為當時全球第二個使用此項新系統的國家，臺北飛航情報區內的飛航服務在亞洲首屈一指，此後亞洲各國如菲律賓、香港、新加坡航管單位紛紛先後來我國觀摩見習，這項殊榮應該歸於盡心盡力的民航局專案團隊全體同仁們。

買東西一定要列清單

民航事業具有無國界的特性，我國的各項空中導航、飛航服務設備，若要與世界接軌，提供像先進地區一樣安全、迅速的飛航服務，便需要掌握及引進最新、最尖端的航太科技。

現在以「CNS/ATM」這個關鍵字在網路上搜尋，輕輕鬆鬆的就可以找到多不勝數的資料，這是從九十一年民航局開始推動CNS/ATM專案累積的成果，也是我國民航服務系統整體向上躍昇的重要一步。

CNS/ATM專案目的在全面達成提升：通訊（Communication）、導航（Navigation）、監視（Surveillance）三項能力，並建置新的飛航管理系統（Air Traffic Management）。這個計畫長達十年，透過這個整體提升的計畫，期望能開展我國民航服務體系的新頁，這個龐大的計畫最後交給我負責落實。建置全新飛航服務系統，可不像蓋航廈、建一條跑道這麼簡單，這個專案期程長，千頭萬緒，內容具高度專業性，但外援不多，關乎成敗卻也很難表現績效。我當時好歹已經晉身中高階公務員，卻還跟年輕時一樣，熱血的承擔下來。

新科技演進快速，其中航太科技發展更是一日千里，我國對於世界航太尖端科技資訊的掌握受到侷限，我和團隊遭遇的第一個挑戰是如何藉由航管通訊、衛星導航、數位化等新技術多層面的結合，邁向衛星與數位化的新紀元，掃除航管作業死角，大幅提升飛航服務的工作效率，使我國的飛航管理技術與世界同步。各項新穎的航太科技著實令人眼花撩亂，我國飛航服務大躍進是一個美好的理想目標，可是把共識細作於可衡量、可實現的明確步驟，打造出適合我們的系統，才是核心重點。

事情有難易，但其中的道理都是相通的，如果不帶購物清單進超市，就有買的過多、沒買齊或買錯的可能，建置新的飛航服務系統又何嘗不是如此？專案團隊首先逐項解析飛航服務既有的工作任務（task），並列出相關工作流程（scenario），由縱向以及橫向檢視運用新技術的效益及影響，訂出新的系統作業需求，最終順利將新科技容納於新一代的系統中。

專案團隊由於搬遷北管造成人力的大量流失，幾乎沒有中階的管理人才，我四處打聽，好不容易爭取了幾位行政能力風評好的人加入，可是 CNS/ATM 專案要求具備飛航相關專業、了解國內飛航服務現況，最有資格的就是自己人，大大的侷限了對外求才的可能性。我時常開玩笑說我們是「B 咖的團隊」，要達成連 A 咖都可能無法完成的任務；我對團隊成員直言：「我就是在揠苗助長」，可是我也鼓勵後進，「如果萬事具備，就不需要諸葛亮了」，在各項條件不足備的狀況下完成任務，才是真本事。對我來說這是一個重大的挑戰，可是對整個團隊而言，何嘗不是一個熱情工作的起點，進化的磨練！

跟你搏感情

CNS/ATM 專案除了規劃新一代飛航服務系統之外，同時也檢視了既有航管系統與組織的配合狀態。過去因為建置時間有先後，所以我們的航管系統是臺灣西岸、東岸各一套，互不相聯，這次專案要整併為一套完整機制，可是這樣一來，部分原本在花蓮、臺東工作的同仁，必須配合新系統的作業地點，搬到桃園或是高雄的新航管服務園區。原來在臺北市公館地區工作的近百位同仁，也必須每天通勤約二、三個小時不等，趕到桃園上班。

在很多整併規劃中，我們看得到排版精美、經過量化的整併效益報告，很少人會去仔細計算整併帶來的成本及負面影響。一個塔臺管制員從通過國家考試後，接受訓練、實習到取得塔臺執業證照，約需時十一個月，他再接受進階訓練，成為一個雷達管制員又需時約一年。新上任管制員在工作崗位上一般還要經過三至五年的歷練，技能才漸趨成熟；這些悉心培植的管制員，面臨工作生涯的巨大變動時，不少同仁紛紛申請退休或調職，一個蘿蔔一個坑的管制員突然湧現離退潮，無可避免的衝擊了專案的執行。

建置新系統必然要歷經系統測試、作業訓練、平行作業以及系統轉移各階段，而前述無論哪個階段，都需要大量的人員協助，才能確保日常飛航服務作業及新系統建置工作能順利運作；人力流失無疑讓 CNS/ATM 專案陷入困境。我既是掌舵的人，除了在專案啟動初期就要求人事單位，持續定期對同仁進行生涯規劃調查，確保掌握人力動態及離退意願，同時積極招考補充新血外，我沒有忽略他們的立場，絲毫不馬虎的跟同仁「搏感情」，婆婆媽媽的不斷說明這個專案有多麼需要他的協助，每一位在這個專案裡能發揮多麼重要的功能，專案完成對飛航服務能有效提升，大家正一起成就一件非常有意義的大事。再解釋未來單位搬遷整併後，有關交通車、備勤室等等的配套細節，讓他們瞭解未來相關的規劃，穩定軍心；對已經決定離退同仁，除表示理解、惋惜外，不放棄持續溝通，請同仁配合留任到新系統啟用前，以降低系統換裝的風險。多管齊下後，軍心立定，專案終於得以繼續向前行。

我很感激這些願意投入時間、精力於任務的同仁，他們才是推動臺灣飛航環境的幕後大功臣，每一位同仁為了讓飛航服務變得更好，就算再疲勞困乏也硬是咬緊牙關配合，諸般辛苦的過程並不是一般人能想像得到的。

民國 100 年 10 月 5 日第三代航管自動化系統 (CNS/ATM) 啓用典禮。

CNS/ATM 專案以近十年的籌劃，推動飛航服務革新，導入了衛星與數位化的科技，讓空中交通管制更流暢，減少空中塞機的情況發生，也強化監視訊號的處理能力，能同時處理並融合多座雷達及飛機傳遞的位置資料等資訊，提供航管更精確的航機位置資訊，更引進了地面與空中航機通訊的數據鏈技術，取代部分地面航管人員及飛機駕駛員的無線電通話，從而減少無線電口頭溝通的人為錯誤風險，進一步確保飛航安全。

任務攻略——全體登船

「全體登船」任務攻略。分批安排飛航服務總臺及民航局同仁到新的飛航服務園區參觀。

飛航服務總臺是民航局為處理飛航服務技術性及專門性業務，劃出部分權限及職掌，另外成立的隸屬專責機關。我執行 CNS/ATM 專案時，職位就是飛航服務總臺的總臺長——四級機關的主管。一個專責飛航服務的作業單位要執行具有政策使命的專案，其中向上、向下的協調溝通，實在不是一件容易的事。

這麼大的案子，如果層層考核，每一層上級都來「關心」你一下，光各式查核報表、說明簡報你就做不完，倒不如主動出擊，做好溝通工作，專案團隊再搭配定期向上陳報進度的作法，使得團隊能專心於各項任務推動。事在人為，時勢造英雄、英雄也創造時勢，憑藉多年公務生涯打下的人脈，經過多方溝通說明，使得各上級機關能對專案有概括性的認識，可能因為我平時做事的「品牌」，獲得上級單位的充分信任與授權，專案推動期間，無論是民航局、交通部，甚至行政院，都很體恤專案推動的不易，儘量降低對專案的干擾。

「全體登船」任務攻略。分批安排飛航服務總臺及民航局同仁到新的飛航服務園區參觀。

除了向上溝通，我還做了一件很不一樣的事情。一般在推動重大專案時，焦點大多聚集在負責專案的核心團隊及相關人員身上，可是我認為，任何一場戰鬥，都不是靠幾個將領打勝的，必須要全員到齊。試想專案期間相關加班、差旅費等費用申報會不會變多？人事調整運用會不會較頻繁？各項會議是不是大幅增加？甚至各項資源是不是會向專案傾斜？機關內受到影響的不僅限於飛航服務同仁，舉凡人事、主計及秘書等單位的行政同仁，也受到推動專案的衝擊。

我分批安排飛航服務總臺及民航局同仁到新的飛航服務園區參觀，由專案團隊以一般人能理解的說法，說明這個專案的內容，以及專案完成後，未來同仁本身或親友搭飛機出國時，能獲得怎樣的保障，我要讓所有同一條船上的水手，都清楚知道自己也有貢獻，也為飛安盡了一份力量，從而全心投入支持推動專案。當專案外圍的行政同仁知道多出來的這些行政、庶務工作，是實實在在會回饋到專案的推動，而專案完成後的的確確能提升我們關心的人的飛航安全，這種賦予例行工作重大意義，並讓所有同仁建立起來的休戚與共的連結，使得「全體登船」成為事實，而非口號。

老子說：「天下大事，必做於細」。參與專案的同仁當時覺得這些「週邊」的作法，不過是凝聚了共識，替大家省了很多事，可是事後再回頭看才發現不只是如此。成功不就是這許許多多的小作法累積起來的嗎？

我自小不怕挑戰、不怕困難，下決心要傳承前輩「過來人」的風範，激勵並領導團隊克服重重挑戰，也因為隨時觀察、關注每一個工作項目、每一位團隊成員、每一個環節，順利掌舵如期如質完成專案。

靜默的大動作

CNS/ATM 專案推案逐漸成形後，接著面臨的艱鉅任務，就是必須在既有飛航服務不間斷的前提下，讓新舊航管系統作業能無縫接軌，飛航服務作業順利的轉移到新系統中。如果是一條新船要下水，擲香檳後閃亮亮新船就可以在樂聲中下水航行，可是銜接航管服務作業、啟用新一代飛航服務系統，卻是越靜默、航班越無感，越代表轉移作業的成功。

國際間不論任何國家，航管系統作業轉移都是牽一髮動全身的大工程，新舊系統必須同時運轉，人員與飛航資料同時配置於兩套系統中，搭配聯外網路及資訊交換點的切換進程，以新系統取代舊系統作業；其他國家在汰換航管系統時，通常會將新舊系統設置在緊鄰的作業室中，以便管制人員、系統維護人員、IT 人員及管理人員能同時兼顧兩套系統，確保人力運用的彈性，可是我國的 CAN/ATM 專案，不僅更新了航管系統，還同時進行航管單位的搬遷整併，這樣的案例在國際間聞所未聞。

新系統位於桃園、高雄，舊系統則分別位於臺北、高雄、花蓮、臺東、桃園及臺中等地，因為各地點都相隔一定距離，所以這八個地點的人員無法彈性運用，在這六個舊系統作業地點要有同仁提供管制服務，準備將作業轉出，而在新建的北部（桃園）、南部（高雄）飛航服務園區，也要有同仁同步作業，準備承接管制作業。系統作業轉移的各項內容，舉凡各類人力運用規劃、航機管轄權管移流程、新舊系統班資訊切換、對外航班訊息拍發系統切換、無線電通話系統切換等，都需要縝密的規劃，而且大多數的系統切換，必須考量系統間橫向的影響，擬訂轉移計畫成為專案團隊面臨的最大挑戰。

最初擬訂的轉移作業是以「時序」安排，各個系統的切換沒有花多少時間就擬定好了，可是接著橫向一檢查，就發現相連結的系統橫向步驟不協調，所以重新將較相關的系統分組依「時序」安排，接者再加入人力、作業地點的考量。

轉移小組發現每加入一個新的考量因素，可能整個轉移作業步驟就必須從頭再檢視、再調整，經過一番折騰，小組成員覺得終於縱向、橫向程序都兜攏了，興奮的向我彙整提報時，我總是再提出一大串需要改善的地方。例如轉移那幾天，輪值人員應該保持固定，以提升同仁作業熟稔度，人員如何安排？哪些人輪值？把人名詳細列出來；轉移作業通報的規劃要更具體，跟誰通報？電話號碼幾號？通報時要說什麼？如何記錄及彙整通報結果？剛解決「困難技術問題」的B咖年輕人，沒有等到期待的「摸頭勉勵」，還被揪出一堆問題，緊握拳頭、含著眼淚回去補強內容的同時，心裡一陣嘀咕⋯。

大家都是這麼聰明的人，需要這麼多耳提面命嗎？這個答案，在轉移完成的那一天獲得証實，整個轉移過程「沒有任何意外」，每一個人該站在哪裡、做什麼事、說什麼話⋯完全照表操課，六階段的轉移作業最高品質靜悄悄的完成了。

愛之深責之切，我的用心讓B咖年輕人批評也好，完成作業轉移的一刻，心裡只覺得平靜。是的，誠如當時毛部長在看過轉移作業細部排程後說的，「這樣鉅細靡遺的規劃，怎麼可能會出錯」。原來，只要徹徹底底實實在在的做好每一步，即使再困難的事，也能兵來將擋，迎刃而解。

貼心的啓用典禮——CNS/ATM 專案的美好句點

公務員真的很不懂得行銷與溝通，其實每個情境都有成長的機會。

歷經十年的建置，新一代航管系統終於完成。接著要辦理正式的啟用典禮，昭告天下；一般的啟用典禮會視案件規模、外界關切程度，邀請各層級的長官蒞臨，長官發表講話、剪綵，媒體鎂光燈閃爍…行禮如儀一陣後，啟用典禮也就大功告成了。可是我不想要這種「沒有溫度」的儀式，我想要藉著啟用典禮，讓外界瞭解國家投資了預算，整體性的提升了國內飛安的環境；我想讓外界看到有一群傻瓜公務員，沒有坐在那裡等因奉此，克服了重重困難，建置了新的飛航服務系統，而且完成令其他國家驚訝的新舊航管作業轉移。新的飛航服務主要園區設在大園，我也想讓在地人士知道政府在這裡建設了什麼，園區這些突然進進出出的外地人在做什麼！

在一〇〇年十月五日百年國慶的前夕，新航管系統正式啟用。啟用典禮當時除了民航業界以外，也匯聚了中央及地方機關、民意代表、學術機構等單位主管，共同見證這歷史性的一刻。當時交通部長毛治國，更在典禮上驕傲的以「絡繹於途」形容臺灣飛行未來的新面貌，第二代的新航管系統得以因應全球飛航環境的變革，也拓展了我國民航的未來。

當日除了安排剪綵等啟用儀式外，還特別規劃動線，安排來賓實地走訪新的飛航服務園區，親眼見證新飛航服務系統的作業內容。當日我們邀請上級長官蒞臨，也邀請了所有國內外民航業界代表，讓飛航臺北天空的業者親眼看到我國的飛航服務新水準，還邀請了地方縣市政府人員共襄盛舉。

政府機關間的橫向聯繫經常是不足的，試想這樣一個重要的民航設施設置在大園，當地的通訊、電力、交通等基礎設施若不能支援，那麼再新再好的系統，也處於風險之中。透過啟用典禮，讓地方政府知道在轄區內有新的重要單位進駐，再透過誠摯的迎賓過程、實地的作業參觀，讓地方體認到這個設施的重要性及功用，除了能立刻將園區與地方連結起來，也讓在地機關對民航服務多一份了解，體認到地方的基礎設施對民航作業安全也有影響；啟用典禮甚至邀請了服務園區附近的大型醫療單位參與，受邀的醫療院所驚喜交加，過去他們僅在機場各項防災演習中配合演練，突然受邀，讓他們確定自己在這個民航社區的重要角色，相信日後服務園區的同仁到相關院所就醫時，雙方的配合與互動會更好。我的另類想法使得這個啟用典禮別出心裁，典禮會場盪漾著很不一樣的貼心溫度。

驕傲與光榮，屬於每一個努力過的同仁

這項開啟飛航新紀元的系統革命，最為艱鉅的部分就是每位同仁們必須在服務不間斷、無縫接軌的前提下，完成新舊航管系統的轉移，民航局籌備了整整三個月的時間，以六階段的轉移作業，將飛航服務總臺的航管、航電、情報、通信、氣象與各類專業級行政人員聚集，一邊要持續提供飛航服務，另一方面還得同時為新系統的轉移做準備，每個人都面臨著專業與體力的雙重挑戰。

這一次算是辦得最感動人的啟用典禮！我們團隊真的很用心在籌劃整個典禮內容，從邀請貴賓的那一刻起，每一個細節都十分注意，還特地請公關公司協助。在這次的活動中，總臺同仁還特意親自剪輯了一支影片，長達十年的計畫，背後累積了眾多幕後英雄的辛苦與淚水，典禮會場的螢幕中，一幕幕呈現的畫面與故事都證明了：沒有這些幕後功臣，是沒辦法成就這項艱難的任務，寫下中華民國航管的新歷史。影片播放時，每個人的眼眶幾乎都泛紅，感動得掉下眼淚。

我知道在典禮上若是談技術上的專業知識，不容易讓大家聽懂，畢竟這些內容太過嚴肅。所以主要是希望讓參加典禮的人，也可以感受到這項計畫的辛苦和堅持，所以我們利用影片播放的方式，讓大家可以清楚的看見那段過程。從起造工程、系統架設和測試，甚至到同仁們的搬遷運送、中間新舊系統的轉移等等，都詳細的被記錄在其中。

典禮想傳遞的訊息其實很簡單，就是希望每個人都能為自己的努力和付出鼓掌，替自己的奉獻感到驕

傲。或許就是因為這一份珍貴的心意，讓此次的典禮完美呈現，許多貴賓都留下美好的回憶。提前的工作分配和動線安排，讓他們從踏入會場到坐上位置時都賓至如歸，覺得自己是貴賓！套句他們說的話：「我們是紅花，不是綠葉！」

活動結束後，我們還特別做了一架紀念飛機送給來賓，那臺飛機機身上刻著 CNS/ATM 的字樣，也就是民航局總臺飛機，飛機代表著民航局的核心服務精神，贈送飛機也意謂著將這份光榮和驕傲分享給貴賓。日後我特地選了一天，在總臺禮堂叫了外燴，也親手贈送每位工作人員一架紀念飛機。因為我知道這次活動如此成功是多虧了他們，請他們簡單吃一點東西，送一架紀念飛機對他們表達真心的感謝，這是我應該作的！對同仁們而言參與是重大的榮耀，所以我願意自己掏腰包贈送，不論是秘書或是司機，不分職等，只要有出一份力大家都有。（我發現在臺灣送禮的文化之中，有很明顯的差別待遇，譬如說職等比較大的，可能會收到比較優厚的禮物，職等比較小的可能獲得的禮物就比較薄。）我希望每個民航局的同仁都能感受到相同的禮遇。因為，能在工作之中相聚是很難得的緣分，或許在跨越困難的時候會有立場與紛爭，但我希望至少在民航局的大家庭中，大家都是開心、快樂的。

每個情境都是成長的機會；每件發生的事情都能讓人更茁壯、更睿智，精誠所至，金石為開。憑著一股真心誠意，能化解很多難題，儘管這種蛻變的過程並不容易，我以高標準、嚴厲的要求，推動民航局的未來，從登門拜訪親送請帖，到用心接待貴賓的細緻過程，就足足以讓客人深刻感受到我們的真摯情懷，這一份珍貴的心意在典禮上完美呈現了。

100 年 10 月 5 日航管自動化系統啓用典禮，除了安排剪綵等啓用儀式外，還特別安排來賓實地參觀飛航服務園區。

這場典禮是真的辦得非常成功，後來好幾個航空公司離場時，都跟我說，這是他們參加的民航局典禮中，最讓他們感動的一次。細緻的工作分配和周到的動線安排，讓他們從踏入會場到坐上位置時都賓至如歸，覺得尊榮與受到重視，沒有任何差別待遇。民航局為此次的活動規劃周詳，許多貴賓都留下一段美好的回憶，將心比心、You First（他人優先）的待人哲學，落實在這場啟用典禮中，讓 CNS/ATM 專案劃下美好的句點。

參與CNS/ATM專案的同仁及外國航管界友人對沈啟的觀感分享

心中的沈局長

飛航業務室　郭小鈴

從當年的系統工程隊到現在的國際事務臺，期間有五年我與局長有較近距離的接觸，戰戰兢兢的學習，也扎扎實實的成長。在我心中，局長是個堅毅的領導者。民國九十六年至一〇一年局長在總臺擔任總臺長期間，正值總臺ATM系統進入工廠測試、陣地架設及訓練、轉移等重要階段，當時的沈總永遠與工程隊同仁站在最前線。

當與廠商有合約上的爭執，而雙方僵持不下時，沈總會立即召開會議討論，明確的指導我們如何與廠商談判、如何化解合約爭議，最終使系統順利且如期建置完成；當需大量人力投入訓練與轉移，而法規在加班費及時數上有所限制時，沈總立即教導我們備妥說帖及資料，親自帶著我們層層向上提報，主動召開會議說明，不斷與相關單位協調，最終真能以專案突破僵硬的法條，爭取到我們要的人力與費用。短短幾句話帶過前面幾個難題，但實際上耗費的時間與精神，真非一般人可以想像。光一個突破一百六十二小時限制的法規，就前前後後花費兩年多的時間，修正了二十三次的說帖，更何況其他更

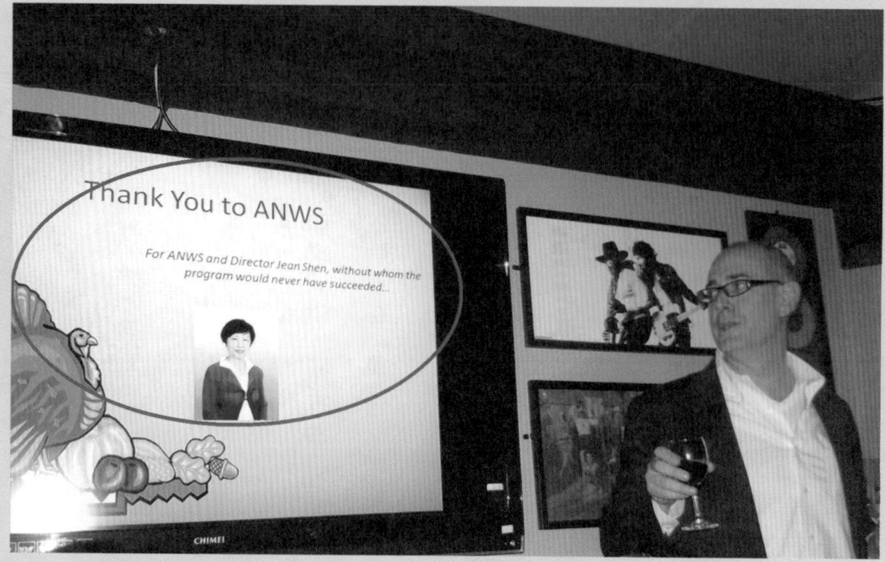

麥特顧問公司在感恩晚會上推崇沈局長對 CNS/ATM 的貢獻。

難的困境，但就是因為當時有沈總過人的堅持與獨到的方法，促使很多困難都被圓滿解決。

在 CNS/ATM 建置期間，要不是有沈總不間斷的支持與鼓勵，並於重要時刻挺身帶領，我們真的無法相信計畫會有完成的一天。當時的沈總就一再的告訴我們，只要是對的事就去做，不要被現有的規定給綁住，也不要劃地自限，用正向的態度，找對的人，用對的方法，終究可以達成。連當年的 MITRE 顧問團隊也都深深的佩服沈總的毅力與堅持，並認為沒有沈總，就沒有成功的 ATM 系統，我就以當年的一張 MITRE 在感恩晚會上的照片作為佐證，MITRE

寫到－

'For ANWS and Director Jean Shen, without whom the program would never have succeeded…'

在我心中，局長是個非常愛國的人，而且是真正的以行動表現。記得一〇〇年總臺第一次參加CANSO在曼谷舉辦的亞太區年會，當時的沈總受邀上臺演講，在演講前一天，CANSO代表請總臺刪去簡報上「Taiwan的字眼，但沈總卻堅持我方的立場，絲毫不妥協，為此當場與CANSO代表據理力爭了將近一個小時，我想，一般人要遇到同樣的情況，應該馬上就接受大會的指示，而沈總則積極的表明我方的態度與想法，雖然終究敵不過CANSO的強勢，但沈總卻也「用心」的利用在臺上的時機，前前後後強調了不下十幾次的臺灣，簡報更是「刻意」多停留在有臺灣地圖的那頁，甚至最後力邀所有與會者到臺灣，獲得如雷的掌聲，而在場的我，除了為沈總的精彩簡報而叫好外，同時也對沈總為臺灣所做的努力而感動不已…套句現在的流行語，局長，您真的很有「GUTS」。

局長在民航界的朋友遍佈世界各地，只要跟他們聊起局長，所有的人無不豎起拇指的大加

郭小鈴與沈局長合影

稱讚。最近當我跟其他國家的朋友提到局長要退休這件事，大家都非常不捨，而我後續也收到一堆來自世界各國的祝福信件或光碟，以下就是我擷取來自世界各組織對局長的感想與祝福⋯（資料繁多，不及備載）：

我想，在提出了這些之後，我們對局長的敬愛與愛戴就不需再多加贅述，只希望局長退休後一切順心，倘若局長不小心看到來自總臺的電話時，請您勉強接一下，因為我們一定遇到了解不了的難題，在苦尋不到出口時，急需局長開示一條明路⋯（嘻⋯）

蔣海榮
Hai Eng CHIANG
Director of Asia Pacific Affairs
CASNO
CANSO 亞太區事務主席

I recall meeting Jean for the first time when I visited Taipei to encourage ANWS to become a member of CANSO as well as her presentation at the CANSO APAC Conference in Bangkok. Jean impressed me and many other in CANSO, with her energetic views and dynamism. I take this opportunity to thank Jean for her friendship and support during her years as Director of ANWS and to wish her good health and happiness in her well-deserved retirement.

不管是第一次在飛航服務總臺見到沈局長，或是在在曼谷亞太區年會上看到沈局長簡報，她旺盛的精力及活力，真讓我印象深刻。藉由此機會，我要感謝沈局長在當總臺長時對於CANSO的支持，也真誠的希望她在退休後身體健康且生活愉快。

太田光彦
ANA 綜合研究所副社長
ANA Strategic Research Institute

沈局長のご退職を心よりお祝い申し上げます。

ご在籍中は臺湾日本間のオープンスカイの実現をはじめ、両国の航空の発展にご尽力いただきありがとうございました。

ご退職後も健康に留意され、さらにご活躍されることをお祈りしております。

また信玄餅をお持ちします。

ANA 総合研究所 太田光彦

翻譯

恭賀沈局長光榮退休！

由衷感謝您在職期間參予實現臺日開放天空的政策，並不遺餘力地致力於臺日兩國航空業的發展。

退休之後要多注意身體健康　祝福您一切順心如意。

我會再帶信玄餅（麻糬）來拜訪您喔！

太田光彦島一範
ANA 臺灣分公司 總經理

この度は、定年退職を迎えられますこと、心からお慶び申し上げます。

これまで臺湾の航空運送の発展にご尽力され、沈様の功績は、今日の臺湾経済にとって大変大きな支えとなっています。

これからも、臺湾の航空運送の発展に大所高所から、ご指導ご鞭撻を頂ければ幸甚です。いつまでもお元気で、沈様の益々のご発展を祈念申し上げます。

翻譯

恭賀沈啓 局長榮休之喜。

沈局長一直以來盡心盡力於臺灣的航空運輸發展，臺灣的經濟能有今天的成就，沈局長可說是功不可沒。

今後，臺灣航空運輸的發展也期待能得到您寶貴的觀點與意見。祝您福泰安康。

Adam Burford

Vice President

Air Traffic Management

Thales Australia

澳洲達利斯公司

飛航管理系統副總裁

…thank you for your support for the years being together. The success of ATMAS is largely due to your influence and to your pragmatic approach…All the best for your future....（節錄自 Adam 錄製的祝賀光碟）

翻譯

…感謝沈局長在過去日子中的支持，飛航管理系統的順利與成功主要是因為有您的影響及務實的作為….希望您未來一切順利…

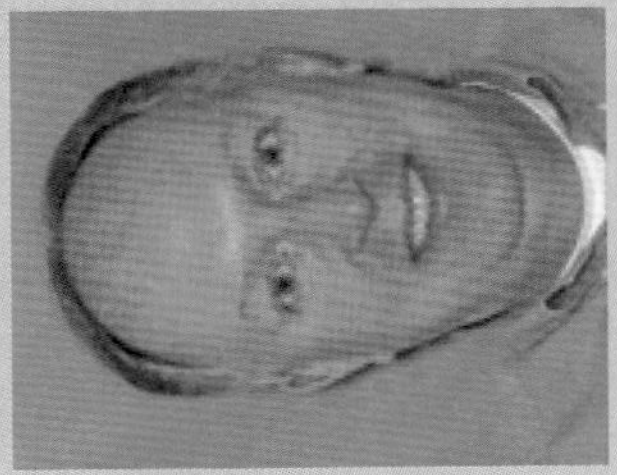

Gregg Leone
Director, International
The MITRE Corporation
Center for Advanced Aviation System Development

Dear Jean,

When I asked MIRTE staff who had the pleasure of working with you over the years to share their thoughts on you style, leadership, and commitment to aviation, they were quick to respond. They used phrases like 'very special person', ' groundbreaker' and 'visionary'. It is clear why you are held in such high regards and why everyone has fond memories of working with you.

Your intelligence, decisiveness, and strength are hallmarks of your leadership. Your uncompromising values combined with your confidence and efficiency, and your patience and support are legendary. Your deep knowledge and experience in aviation and civil service made you an outstanding partner to MITRE because we both wanted the same thing: to provide only the best for Taiwan and the CAA. YOU have the rare skill of balancing strength and grace, and your amazing career and the success of the ACC under your leadership as Director General are a testament to your talent.

On behalf of the MITRE Corporation’s Center for Advanced Aviation System Development, I want to thank you for your partnership and congratulate you on your retirement. You have had an extraordinary career, and we wish you great happiness as you embark on this next chapter in your life.

翻譯

當我問麥特的同事多年來誰有幸和你共事過，並請他們分享對你的風格、領導以及獻身航空事業的想法，他們很快就回應我。他們用了「非常特別的人」「開創者」「有遠見」這些詞句，你何以獲得這麼高的評價，為何每個人與你共事都有美好的回憶，是顯而易見的。

你的智慧、果敢、力量是你領導能力的檢驗證明。你不妥協的價值觀伴隨著自信和效率，以至你的耐性和擁護總是具有傳奇性。你在民航與政務深廣的知識和經驗，使你成為麥特傑出的夥伴，因為我們要同樣的東西：只提供最好的給臺灣和民航局。你擁有一種罕見的能力：平衡軍威和恩慈，你奇異的事業成就以及擔任民航局局長任內的成功，是你天賦的確證。

我謹代表麥特公司先進飛航系統發展中心，感謝你的合作，並恭喜你榮退。你擁有了卓越的職涯，我們祝福您歡喜開啟人生下一篇章。

伍

國際篇

路，太長了，重返國際民航組織 ICAO

一九七一年，臺灣退出聯合國，這一年八月我剛進入民航局，時光荏苒，四十二年後我變得經驗豐富，能帶領同仁勇往直前。二〇一三年我帶團代表國家重返國際民航組織（International Civil Aviation Organization，簡稱 ICAO）大會，這段殊榮是一件影響我人生的重大事件。

二〇〇〇年 ICAO 新增了馬尼拉 - 恆春 - 鞍部 - 上海的新航路，這段航線直接貫穿臺灣中央山脈，由於臺灣不是國際民航組織（ICAO）的成員，當然沒有被告知，而是香港的航管同行好友熱心透露給我們。在得知消息後，我們立即想盡辦法透過各種管道回應本區實務上的困難完全無法配合，並要求將航路重新修正綠島外海，經過不斷的努力，此次的危機才圓滿落幕。

沒想到在二〇一一年，ICAO 亞太辦公室又決定將一條起自臺北飛航情報區，經過菲律賓、馬尼拉，前往新加坡的傳統航路 B348，更改名稱為 M646（航路的路線雖不變，但第一個字母 M 卻代表航空器須具備區域航行的能力，方能飛航此航路），並決定在二〇一二年五月三日生效，這次同樣因為臺灣不是ICAO 成員，完全沒收到這個資訊。

生效日後不久，某架外籍航機填寫飛行計畫時，填了這條 M646 新航路，當這個飛行計畫進入臺北飛航情報區航管系統處理時，由於系統資料庫內並沒有 M646 這條航路，立即遭到系統剔除，一直到飛機快要進入臺北飛航情報區，管制員察覺發現雷達幕上怎會出現一架飛機的訊號，情況不對！與飛行員對話後才知道原來航路改名字了！在沒有被告知更改航路名字的情況下，造成一條「消失的航路」。而幾乎釀成重大飛航事故；風險的主因，正是因為臺灣並非 ICAO 的一員。臺灣被國際民航組織（ICAO）拒於門外長達四十二年，喪失許多權益外，飛航安全機制已經與其他國家有很大一截落差。

我國雖然是 ICAO 的創始會員國之一，但是隨著退出聯合國也失去了參加的資格，四十二年來一直被排除在這個國際組織的門外。可是民航本質上就非常國際化，為了確保旅客和機員安全，全世界民航都有一致的標準規範，供所有民航從業人員遵行。舉個例子，駕駛員飛航全世界各地機場，今天飛巴黎機場明天飛東京成田機場，各機場的跑道寬度，跑道燈光，標線，滑行道等各項建置，必須完全遵照相同的國際標準，假如每個機場的跑道的設計都不一樣，很難想像，這麼龐大快速的飛機在快要降落的剎那，駕駛員還在忙著找哪裡是跑道，絕對很容易弄錯而造成失誤。

臺灣因為國際政治地位特殊，眾多國際會議總是缺席，ICAO 大會更是臺灣暌違已久的重大會議。ICAO 是聯合國下屬的國際組織，討論的是全球航空運輸、飛航安全等重大議題，由於範圍遍佈全球，整個組織的力量也超越單一政府，透過ICAO進行多方協商，查核各國飛航規範標準化，提升飛航安全。

在科技進步、新規範不斷演進的情況，臺灣卻長期因為不能參與國際會議，導致許多資訊都來自第二手、第三手，在取得ICAO發展的資訊上，也總是落後其他國家。全世界的機場，航道、機場設施、管制規定等，都有統一的準則；臺灣因為不能參與ICAO，常常無法及時知道世界各地的動向及改變。出入臺灣及經過臺北飛航情報區的航班、機員、乘客都來自於世界各地，臺灣每天都有很大的機會遭遇各式各樣的飛航事件，下面好幾件事都是因為我國未能參加ICAO，發生重大事情。

我是在一九七一年考進民航局，記得那年年底，我國剛退出聯合國，也同時失去了ICAO會員的資格，那時我和凡有愛國心的人一樣，為國家的命運和未來擔憂難過。儘管我國主管的臺北飛航情報區位於東亞樞紐，涵蓋面積達十八萬平方浬，現今每年又有高達一百四十五萬管制架次，載運四千五百萬旅客，但是臺灣不能參加ICAO，使我們在國際民航上一直難以扮演該有的角色。更糟糕的是有關飛航安全的新規定，我們被迫要從其他會員或別的管道獲知，要是能夠實質而正式參與ICAO，直接取得飛航安全資訊，對所有飛越我們飛航情報區的旅客及航機，都太重要了！

我們必須走出去，讓世界看到我們的努力與貢獻！

我記得在二〇〇五年，有一次我們幾乎能進入ICAO。

ICAO總部在加拿大蒙特婁市，當地有一所非常有名的航空大學McGill University，在很多航空領域為世界翹楚。那年他們來函邀請張國政局長參加與ICAO共同舉辦的技術研討會，當時民航局上下非常高興，以為ICAO對臺灣解禁了。張局長由於公務繁忙特別指派我及另一位航管同仁前往，在我們把報名費及旅館費用都匯過去之後，隔了幾天ICAO突然發現我們是來自臺灣，立即通知我們不能參加，而且不肯退還相關旅館費用。

2013年9月25日與ICAO理事長主席Roberto Kobeh González歷史一握。

去不成，所有費用還不能核銷，眼看災情慘重，我立即想盡辦法從邀請函上找到ICAO承辦人Maria的電話，花了好幾個晚上不斷的撥打越洋電話（當然是自費），終於找到ICAO承辦人理論，訴求為既然我們是由他們ICAO邀請的，現又不准我們參加，理應由他們向旅館溝通協助退費。雖然後來總算退費成功，但當然沒去成。這次的經驗，更讓我真實感受到臺灣在政治上的艱困，絕不是其他國家的人所能體會的，必須以永不放棄的堅定決心，更積極的想盡辦法參與各種國際上的交流活動。

二〇一三年我國獲得 ICAO 理事會主席 Roberto Kobeh González 邀請民航局局長為特別貴賓，參與 ICAO 三十八屆大會。這個得來不易的機會，當然是政府和民間許多人多年努力的成果，而我才接任局長不久，竟然有機會以我國民航最高主管率團參加，特別感到幸運。長久以來民航機構以男性主管居多，這麼多個國家派來的民航主管中，女性也是鳳毛麟角，第一次參加這麼大場面的會議難免有些緊張。好在以前也參加過不少其他的國際會議，認識很多朋友，像國際航空運輸協會（IATA）、美國聯邦航空總署（FAA）、民航飛航服務組織（CANSO）、世界管制員協會、飛航安全電子協會，而且與鄰近的日本、韓國、泰國、新加坡、香港、澳門、菲律賓民航界人士非常孰悉，專

時隔 42 年，在民國 102 年民航局以中華台北特邀貴賓的身分參與國際民航組織 ICAO。

全部會員國代表的照片都列在上面

業知識和英文都還足以應付。心裡越來越篤定。

當臺灣的記者知道我以貴賓身分接受邀請時，多數媒體宣揚這是一大突破，但也有媒體批評我們沒有得到觀察員的身分，認為以中華臺北的名稱矮化自己。大多數民眾並不知道要得到這樣機會有多麼困難，若非支持我國的友好人士幫忙力爭加上兩岸關係的改善，我們也不可能出席。我堅信，我們必須走出去，讓世界看到我們的努力與貢獻！有朝一日會讓他們會知道，國際民航絕對少不了我們！

我一到蒙特婁ICAO組織的大門時，心中悲喜交加、百感交集，這是我國民航界多少年的夢，我跨進這扇大門的一小步代表著我們重返國際組織的一大步，我噙著淚水，激動萬分。喜的是中華民國努力多年希望加入這個聯合國所屬的組織，現在終於美夢成真，出現契機；悲的是國家在外老被打壓，沒有受到該有的認同。

過去我們多次要求參與這個組織的會議都被拒絕，現在終於正大光明以貴賓身分來到會議現場，我告訴自己，一定要珍惜這等待已久的機會，好好的參與會議並做好民航外交工作，非常值得欣慰，兩星期下來，代表團每位同仁將士用命全力以赴，大家一起順利達成了任務！

2013 年 9 月 24 日，我穿著中式禮服跨進加拿大蒙特婁 ICAO 組織的大門，在 ICAO 總部前留影。

參與 ICAO 會議期間，與各國代表寒暄交流。

二〇一三年雖然是以中華臺北「特邀貴賓」的身份參與國際民航組織（ICAO），沒有發言權，但是我國代表團在很多專業議題上總會抓住機會，趁著大會休息時間到處走動，與會員們討論，藉機聊聊我們的做法及經驗，順便認識很多新朋友。一兩天下來整個會場對我們也由陌生轉變為友善，這場會議是具有實質意義的。雖然臺灣起初也希望能比照 WHO 以觀察員身份出席，始終沒有成功，能夠以特邀貴賓參與 ICAO，雖然還是遺憾，但也意謂著可直接獲得飛航資料與安全資料，這是增進飛航安全非常重要的一步。

這次三十八屆大會議程貫穿飛航安全、全球保安計畫、環保與永續航空產業等三大主軸；藉著參加會議，拿到即時資訊，也了解資訊背後原因，也與國際其他民航體系保持良好聯繫。這一年無疑是臺灣踏進世界大門的一步，雖然民航局的終極目標是希望能成為國際民航組織的正式會員或理事國，對目前的臺灣而言，這仍然是遙遠的困難任務，但未來若能在這個領域上持續努力，成功的日子總會來到。

臺灣雖地方不大，但在東亞航空路網上卻有不可或缺的重要地位，參加 ICAO 大會只是一個開始，後續工作，將以臺北飛航情報區的經驗，讓 ICAO 知道，少了中華民國不可以、不可能，也是不行的！

102 年 10 月 1 日與 ICAO 大會主席 Wachenheim 及布吉納法索代表合影。

經營國際關係，不是一天兩天的事

在公務體系，民航局與其他政府部門有非常大的差異，就是它是高度國際化及標準化的工作，飛機不能只飛國內線，它的範疇是廣大的航網。因此，民航工作與外籍人士的接觸非常頻繁，當年我考進民航局擔任管制員，只考國文和英文二個科目，另一科是非常關鍵的性向測驗。進入民航局後必須受訓一年，學科包括氣象、空域、助導航等等，都是國際間擔任管制員共通的訓練課程。

我記得一九七一年八月進入民航局，當年我國就退出聯合國，美國為了協助臺灣在不是聯合國會員狀況下確保飛安，特地派了一個 CAAG 團（Civil Aviation Assistant Group）來協助。我那時雖然只是一個管制員，因

民國 60 年考進民航局擔任管制員。因為個性活潑，常被派去接待外籍友人。

為個性活潑，常被派去接待外籍友人。好幾次在假日陪著逛故宮博物院，穿著高跟鞋一走數小時，嚇得我現在聽說要去逛故宮博物院就連說不敢了！

在我數十年公務生涯中，如何經營與國際友人關係？其實從進民航局第一次出國一直到二〇一三年參與第三十八屆 ICAO 大會，期間有很多段故事。

長期以來民航局一直都非常了解參與 ICAO 的重要性，民航局歷任局長在這個領域都花了很多心血。我翻了一下檔案，在一九九三年十一月，當時的孫兆良局長就曾致函 FAA 亞太地區代表 Mr. Craig Beard，希望能協助前往新加坡開會的我，找機會拜會亞太地區 ICAO 相關人士；後來毛兼代局長治國赴加拿大民航局參訪時，會晤當時加拿大民航局局長，也對我國參與 ICAO 事宜提出請求協助；後續張家祝先生擔任兼代局長時，深覺必須找一個能幫民航局推動加入 ICAO 事宜的顧問，經過多年的努力，終於覓得剛從 FAA 亞太地區東京辦公室代表 Mr. Fred Laird 的協助。

在 ICAO 38 次大會與喜遇國際昔時友人 Mr. David Behrens。

二〇〇二年我擔任民航局主任秘書，也參與林陵三部長率團到美國會晤商務部代表及相關人員，希望能協助我國參加 ICAO 成為觀察員。而在二〇〇〇年辦理全世界 Y2K 千禧年的危機時，ICAO 因無法派人來台查核我飛航服務系統 Y2K 因應狀況，特別委託 IATA 代表 Mr. David Behrens 來臺了解，我也趁機向他表達飛安無國界，應該讓臺灣能參與 ICAO。（Mr. David Behrens 後來離開 IATA，在第三十八屆大會見面已擔任美國 ICAO 代表團的副代表。）

ICAO 三十八屆大會期間碰到多位熟悉的日本民航朋友，也與多位臺北飛航情報區相鄰的菲律賓、泰國、新加坡的民航同業夥伴相遇，對岸大陸代表對我們的參與也表示歡迎，還有 ICAO ANB（Air Navigation Bureau）局長 Ms.Nancy Greham 的協助，ICAO 行政部門工作人員親切地招呼，大會主席特別前來致意…數算一下，環視 ICAO 大會會場上我們其實並不孤單，有很多的朋友。

由於臺北飛航情報區南面與馬尼拉飛航情報區相鄰，航機進出交接頻繁，多年來我國藉由管制員協會及兩區的航管協議書定期修訂互動不斷。為了使雙方飛航業務發展順遂，常年透過管制員協會雙方人員的互訪參觀，我與菲律賓區管

Arminda 與我的合影。

中心主任 Ms. Arminda Mendador (Manila ACC Facility Chief) 愈加熟識。

菲律賓近二、三十年由於經濟環境不太理想，管制員的待遇也相對不佳，我知道他們很多管制人員必須在下班後兼差做第二份工作。所以當我們去菲國與他們開會時，同仁們會儘量找機會請他們吃飯。我也會邀請 Arminda 主任到飯店聊天，趁機謝謝她的幫忙。她的關節不好，長期要吃維骨力，我總會帶幾罐送給她。Arminda 收到禮物的神情，述說了這份小小的禮物雖然花錢不多，是貼心的！是她需要的！

早年在一九七〇、一九八〇年代，臺灣的飛航服務在東南亞幾個國家中算是非常先進的，當時的民航人員訓練所，應鄰區幾個國家如泰國、越南的要求多次開班訓練他們的管制員，由於訓練時間動輒一個月，長期下來，大家都成為好朋友。

後來，泰國為了提升飛航服務成立了 Aerothai 公司，早年來臺受訓那些航管、航電人員也轉到了 Aerothai 上班，近二十年 Aerothai 在各方面都進步神速，再加上他們與 ICAO、FAA 來往頻仍，CNS/ATM 建置進度反而跑在臺灣前面。我們幾次前往參訪泰國新曼谷機場或 CNS/ATM 建置，泰國老朋友總會在百忙之中找我們聚聚，也談了很多 ICAO 在飛航的一些進展。

二〇〇九年他們來臺灣訪問，除了見面吃過一頓飯，我知道他們特別喜愛 520 香煙，在送他們返國時，特地託人買了好幾條 520 香煙送給他們。臺灣在航空的困境雖然無法在正式國際組織及會議中有所突破，幸好天無絕人之路，我在航空界國際友人協助下，總能為臺灣取得最新的航空業界及相關法規修正等寶貴資訊。

在航空界的人都知道，波音公司旗下傑普遜（Jeppesen）子公司負責全世界飛航資料的彙整，每隔二十八天，各國機場如有修正資料（如跑道整修關閉、空域演習等）都會更新，因為所有資料都是透過e-mail溝通，傑普遜公司為每個國家設立一個窗口，負責該區的資料修正及傳遞，雖然雙方每天不斷連繫，但自始至終卻從沒見過面。

二〇〇四年我們赴美國Jeppesen公司參觀，想到與負責臺北飛航情報區的窗口，所謂Taiwan Desk，素未謀面。這次有機會見面，我特別請情報同仁準備了一份臺灣名產及一個小工藝品去看看他。他大概想不到在郵件的另一端會有人記得他，我也永遠忘不了他拿到禮物時，眼睛噙著淚水感動的樣子。這位靦覥的工程師，臺灣對他來說只是一個遙遠的地方，沒有料到每天工作上來往郵件的名字背後的人活生生站在他面前，親口感謝他的努力。從此，彼此的郵件兩端有了溫度，工作也進行得更順利了！

真誠接待國際友人，建立長期深厚的友誼

在亞太經合會（APEC）有一個交通組，其下設有一個衛星導航工作小組GIT（GNSS Implementation Team），由於民航局當時正積極進行CNS/ATM計畫，與麥特公司、成大團隊在這方面有相當出色的成績，多次在APEC專案報告。為了更積極參與，我們特別承辦GIT工作會議，邀請了亞太區十幾個國家來參與。

當時是借用桃園國際機場旅館，組成接待小組，會前召開多次籌備會議，由外賓的接待到議程的安排均悉心地籌劃，最後並安排了GIT之夜。當晚的高潮是地主臺灣特地為這十幾個國家準備了各國歌曲的卡拉OK大賽，我當時是助航組組長也是主辦人，在晚會中，特別學了各國的晚安語，用他們的語言向各國代表問候，使各國代表驚喜萬分，尤其是汶萊的代表們。因為很多汶萊祖先早年是從金門遷徙過去的。會後希望能安排他們到金門一遊，後來順利成行，金門站同仁也給予照顧，此舉使我們變成朋友。後來參加在汶萊舉辦的APEC會議中受到他們更熱烈的回請，並藉他們的安排才見到ICAO的一些人員，討論國際間飛航事務，會後還熱情的帶著我們到一些一般人無法前往的私房景點。

美國聯邦航空總署（FAA，Federal Aviation Administration）的國際辦公室在全世界共分七區，其中亞

太地區總部設在新加坡，並在東京有一個辦公室，主管日本、臺灣、韓國等地的飛航事務連絡事宜。早年經費較為寬裕，東京辦事處主任一年都會來訪三至四次，而亞太地區總部則約一年來臺一次，其中有幾位對我國的民航發展有非常大的協助。

還記得民航局孫兆良局長在任時，非常積極參與國際事務，與 FAA 關係密切，曾率領同仁參加美國航管年會並拜訪當時的聯邦航空總署代理署長。一九九三年四月初，我們獲知美國 FAA 準備派 Mr. Craig Beard 到新加坡就任亞太地區總部總代表一職，預計於六月二十六日至二十九日會順道來臺了解臺灣的民航狀況，時任東京辦事處主任 Mr. Fred Laird 亦將陪同。

我受命負責安排他們來臺的拜會行程，除了我方會談資料的準備、美國在台協會公務行程外，從接機到故宮參觀、花蓮旅遊、送機……從早餐到晚餐，整整陪了四個整天，真的是累趴了，但也由於這四天全天候的陪同，完整的會議討論，使 Mr. Beard 對臺灣印象非常深刻。

後續幾年的臺美民航業務中我們得到 Mr. Beard 很大的協助。Fred Laird 也在退休後來擔任臺灣飛航安全事務的顧問，在臺灣加入 ICAO 的議題中，給予多方面的協助。他們二位都是在 FAA 工作數十年，不但人脈廣而且因為有紮實的行政經驗，出眾的英文書寫能力（不是每一個美國人英文書寫都很好）對我們的助益真的很大。

我們與 FAA 東京辦公室除了 Mr. Fred Laird 、Mr. Bob Jensen 幾位代表，長年來一直維持非常緊密的關係之外（近幾年來由於經費所限，FAA 東京代表來訪次數已大幅減少），不能漏了在東京辦公室的 Mr. Larry Arima。第一次見到他就可看出他有中國血統，之後得知他是移民第二代，父親祖籍江蘇。二〇〇一年左右他隨東京辦事處主任來臺，無意間提到他父親年事已高，非常想念八寶飯，糖蓮藕等家鄉味，問我何處可買的到。我特地抽空跑到鼎泰豐及南門市場買了冷凍八寶飯、糖藕送給他，錢花得不多，Larry 在收禮當時的表情及開心的樣子，我永遠忘不掉。

後來，有機會為了民航局與日本衛星系統合作事宜去東京與日本民航局 JCAB 商談，Larry Arima 及秘書 Sayokko（我沒有忘記帶份小禮物給她）特別請假陪我們到附近名勝走走，在公務上不管是主任，Larry 及秘書均會給予我快速的協助。當然，這一切都是有良好的友誼關係才能促成。

ICAO 的強力推手

講到國際友人就一定要提到 ICAO ANB 局長 Ms. Nancy Graham（Director, Air Navigation Bureau）。她大約在二〇〇一年擔任 FAA 駐亞太地區總代表，也是在到職之時前來民航局拜訪，她原是少數女性魚雷輪機師（Torpedo Mechanic, Naval Undersea WarfareEngineering Center,1979– 1986），個性爽朗直率，我們一見如故。她第一次來訪，我特別約她到假日花市和玉市逛逛，她很喜歡臺灣本土所產的藍寶，印象中那些不是珠寶級的石頭並不貴，好像只有臺幣幾百塊錢。後來她在新加坡待的時間並不長，就調回華盛頓 FAA 總部擔任美國駐 ICAO 代表，我們陸續用 E-MAIL 維持通信與友誼，並在二〇〇九年我率團前往麥特公司時，

民國 102 年 9 月 ICAO 第 38 次大會期間與 ICAO 空中航行局局長。

有機會見了一面，過沒多久就聽說她升任 ICAO ANB 局長。

那一段時間，我國正大力推動加入國際民航組織，外交部除了多方尋求友邦協助外，Nancy 的大力支持，讓我們代表團雖多年未參加 ICAO 大會，在 ICAO 第三十八次大會二千多人的大會場從容以對。在大會中她特別禮遇我們臺灣代表團，忙著介紹我們與各國代表認識，帶著大家參觀 ANB 並請相關人員詳加介紹 ANB 組織正在執行中的專案，還安排多位 International Aviation Womens Association 的會員聚會。在三十八次大會期間，九月二十六日晚上我國外交部宴請友邦的晚會中，她與多位日本、美國貴賓都能在同時有多個國家舉行歡迎酒會時撥空前來出席，增添不少光彩。

學習小彩蛋：國際合作小撇步

與國際人士在一起工作多年，多少有些經驗，提出幾點小小的分享，希望能對讀者或公務員有點幫助。

與國際友人交朋友

不論是亞洲國家、日本、香港、澳門、菲律賓、泰國，這些國家的文化是比較接近的，都是同行，而且除了香港之外，各國管制員的待遇，也是遠不如西方國家，由於是好朋友，彼此也深深了解ATC這個行業的辛苦，所以能在各種國際會後大家一起喝啤酒聊聊，他們來臺時我方略盡地主之誼，對他們來說是很溫暖的，我們還有一個女性同仁因此嫁了澳門管制員。

遊覽送禮的小竅門

送歐美人士都以土產或綉花的包包、鶯歌的陶瓷為宜，但不要太重，不好攜帶，去遊覽的地方也以寺廟、古蹟、故宮等地他們會比較喜歡，早年自以為陽明山很漂亮，就帶著他們去，誰知他們平常住的地方就像陽明山，他們不覺得有什麼特別。要記得他們喜歡一些有傳統的去處。

至於新開發國家，一般就比較喜歡時尚的東西。我年輕時也不喜歡黃金，認為土斃了，還是K金、玫瑰金漂亮，直到年紀大了才懂得老古董的美。

在國際會議要勇敢上臺

歐美人士其實都不太了解為什麼東方人在會中總是那麼害羞，你不站上臺介紹你的國家，他們怎麼認識你？有一次我參加美國 PWCA 協會（Professional Women Controller Association），特別自告奮勇上臺介紹臺灣女管制員的狀況，特別是臺灣管制員的男女比幾乎是一半一半，這在世界各國都是很少見的，下臺後多國友人圍上前來聊聊這個話題，很開心的做了一次國民外交。

另外，在一九九九年時我到摩洛哥參加全世界飛航安全電子協會，由於這次會議的行程沒有太緊密，約到下午一點就沒有了討論事項，主席徵求自願上台報告，當下自告奮勇，直奔上臺，向大家報告臺灣助導航設施的情形，由於當年不久前剛好發生921大地震，因此在簡報特別以臺灣發生大地震前由地瓜（Sweet potato）變成甘蔗（Sugar Cane）形狀來開場，一時之間，本來瞌睡聲四起的會場全部紛紛警醒表達關切，至少在當時大家都知道臺灣不是泰國，引起國際人士的關注，提昇臺灣在世界的能見度，逮到機會一定要去做。

國際合作小撇步，有效打通臺灣國際事務參與度。

【國際篇】

You First，全世界通用的人性法則

凡事總優先思考到自己的利益，這是人很自然的天性，就像是在看團體合照時，永遠都會先去找照片中的自己，然後仔細察看自己的模樣、體態是否整齊端正，比較不會先去看別人在照片中的樣子。

我常常向同仁提出「You First」他人優先的意念，這個觀念是需要培養的，一旦開始培養就能探究服務的真正本質，也能更輕易的觸碰到人性，每個公務員就會自然而然地建立起服務他人的心念，不管在工作、家庭、人際關係甚至是國際外交上，必會無往不利。

現代大多數的人仍然自我優先，看事情的角度都以利己作為出發點，少數的人會把「利益他人」放在心頭上，我發現所有人，他們之所以會記得你，是因為你對他的協助、對他的影響，不是因為你這個人多麼優秀。但如果日常與人接觸時能多為他人著想，甚至秉持著「You First」的意念，很多時候公務或業務就意外且順利地進行了。

例如每當外賓來臺灣參訪時，民航局的幕僚都是準備了一堆數據資料，如去年我國飛了多少架次、旅

客數有多少……等等，但如果只照著幕僚準備的資料照本宣讀，完全沒有溫度，對方的興趣也不會大。我會先研讀來訪國的基本資料，瞭解對方的文化風俗及近期國際新聞，在會場上跟對方侃侃而談關注或讚賞他國近期的好消息，對方常會大感驚訝而留下深刻印象。臺灣，在地圖上就是這麼一小塊。對方雖是我們的邦交國，他們來此參訪，對他們而言臺灣總不是那麼熟悉的地方，你一見面跟他們說這麼多臺灣的事，他們其實是興趣不大的。還不如先聊聊他們最熟悉的事，他們自己。

100 年 11 月 10 日索羅門總理參訪飛航服務總臺北部飛航服務園區。

102 年 10 月 27 日聖克里斯多福及尼維斯總理率團來訪，細心準備臺灣最道地的鳳梨酥。

有一次格瑞那達的部長來訪，從網路上知道該國的肉豆蔻產量佔世界三分之一。我從這點做開場，當時格國的部長睜大了眼睛，一副不可置信的欣喜表情，接著當場拿出所帶來的禮物－就是肉豆蔻！頓時整個會面的過程就十分的愉快，格國的代表永遠都會記得這次的會面，後來當我在 ICAO 會場碰到格國代表時，他們給了我熱情的回應！還有一次，義大利相關人員來訪，當時正是世界盃足球大賽期間，會議休息時我把孫子身穿義大利足球衣的照片給貴賓觀賞，來訪的義大利貴賓提到足球自是口沫橫飛非常開心，一次次成功的國民外交，正是因為要讓外賓覺得主角是他，道理就是這麼簡單！

陸

生活篇

【生活篇】

認識自己

天賦如同出生的印記，會跟隨一輩子

同仁製作的搞笑情報篇

我排行老大，下面有一個弟弟、一個妹妹。雙親都是民國三十八年隨國民政府撤退來臺，父親是江蘇灌雲縣一個村裡唯一考進東海高等師範的子弟，家中環境優渥；他有一位長兄、三位姐姐，哥哥英年早逝，只剩他一個男孩，備受家人寵愛。民國三十八年他帶著媽媽從大陸江蘇輾轉來臺住到臺北，在臺灣大學任職，住在臺北廈門街、泉州街附近。聽我媽媽說我才四、五歲，就會獨自帶著弟弟妹妹還有其他小朋友去總統府附近玩；還出過一次意外，我怕弟弟餓，拿了一個蕃薯硬要塞給剛出生沒多久的他吃，差一點噎死他。

爸爸後來因為健康問題，轉到嘉義地方法院地檢署當基層公務員。記憶中他經常臥病在床，加上公務員待遇不好，媽媽只好拿每月糧票去換麵粉，再去賣油甚至打零工做包子來貼補家用。全家五口住在嘉義安樂街附近的司法新村裡，房子前後有小院子，種了些菜，洗澡要用煤球燒熱水，生活很不方便又困苦。前幾年有一次回嘉義探視母親，順便繞到司法新村看看，突然發現在記憶中好大的房子原來是這麼小的地方。

沈啟與母親、妹妹、弟弟

記得媽媽總是一大早就要到早餐店，忙碌的工作讓她很少有餘力可以在家陪孩子們。於是我偶爾身兼母職，扛下照顧弟弟妹妹的責任，養成非常獨立的個性。爸爸媽媽因為年紀差了十九歲，兩人個性又不同，媽媽非常聰明，個性活潑又好客，跟鄰居相處得非常好；而爸爸就個性古板而且剛直方正，常常會為了一些小事爭執；在我的印象之中媽媽曾離家出走兩次。吵吵鬧鬧的家，讓我從小就想辦法如何讓自己開心。父母親的不愉快影響著小時候的我，隱隱然的缺乏安全感，當時不甚理解也無從處理，卻造就出凡事靠自己解決的思維。

中學時期沈啟與弟弟妹妹合影。

我的個性從小與眾不同，和大家印象中的女孩子該溫柔嫻靜的樣子，有很大的落差。父親和鄰居總用「英氣勃發」形容我，也經常在嘴邊唸著說怎麼沈啟不是個男孩子！我自己也真的想過要是我是一個男孩子會怎樣，但這個意念一出現，馬上轉而覺得還好自己不是：我如果是男生，恐怕早被人打破了頭，活不到現在，個性太直了，說不定做女生還好一點。

現在回想起來，原生家庭的童年經驗，提供多種單屬於我的因素，當我完全接納自己真實的個性特質後，就能走出自己的路。

我六歲在嘉義林森國小入學，因為這所學校後來改為嘉義師範，不久就被轉學到民族國小就讀。印象裡這六年成績不太出色，經常羨慕有錢能去補習而備受老師關愛的同學。感謝當時有一位師範實習老師出現，這位劉延村老師經常鼓勵我，認為我將來會有成就，他雖然只教了短短數個月，但對我來說卻意義重大，影響深遠。（去年和他聯繫上，他後來考上司法官特考轉任法官，目前已退休）。

國獎字第046號

獎狀

查學生沈 啓學業品行成績優良殊堪嘉許茲值畢業特給獎狀以資獎勵

此狀

嘉義縣嘉義市民族國民學校校長陳石壽

中華民國五十年七月四日

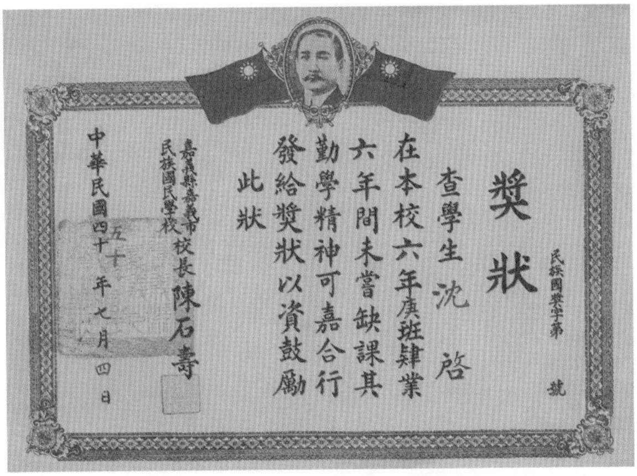
民族國獎字第 號

獎狀

查學生沈 啓在本校六年庚班肄業六年間未嘗缺課其勤學精神可嘉合行發給獎狀以資鼓勵

此狀

嘉義縣嘉義市民族國民學校校長陳石壽

中華民國四十 五十 年七月四日

劉延村老師的話——少有的大格局

時間一晃就過了五十幾年。

應該是民國四十八年，再一年我就要從嘉義師範畢業，按規定畢業前一年暑假後的新學期，必須要到小學實習。我與其他四位同學被分派到民族國民小學擔任四年級的實習小老師，我被分到沈啟的四年庚班。

我當時就對沈啟這個小朋友印象非常深刻，她在這一群十歲左右的同學中表現得非常出眾。不只是功課棒，她腦筋好，非常聰明，反應飛快，活潑開朗；個性像個男孩子，小小年紀就不怕生，有問題就大大方方的來找我們，和我們五位小老師侃侃而談，對答如流，毫無懼色；另外，我也特別發現她具有一般孩子很少有的大氣魄、大格局，因著這個特質，在當時我就認定這個小女孩將來必成大器！

後來果不其然，在民國五十六年報紙上，看到她考上大專聯考乙組榜首，我非常得意，覺得自己慧眼識英雄，到處說她曾是我的學生。民國一〇一年，看她當上六十五年來第一位由基層做起的女性民航局局長，我也與有榮焉！去年報載她被任命為飛安會主委，沒過多久，看到電視轉播在立法委員質詢下，她當場立即明快俐落毅然辭職下臺的身影，讓我不禁想起五十多年前那位，早已具有雖千萬人吾往矣，巾幗不讓鬚眉氣魄的沈啟同學！

民國四十幾年那時小學考初中非常難考，但我幸運地考上嘉義女中，考量到家中還有弟妹和父母為經濟的壓力而辛苦，所以「念書不用交學費」變成我讀書求好成績的原動力。當時嘉義市政府有個規定，每個班級有兩個名額可領清寒獎學金，領獎學金的學生可以不用交學費，為了減輕家中負擔，我發誓一定要努力讀書爭取前二名。

以前那個年代沒有什麼家庭讓小孩吃零食水果，每次看到結實累累的果樹口水就是不停流下，貪吃之餘，只好用石頭擲水果；這樣終年累月地練習，練就了一副好身手，跑得快丟得遠，被學校躲避球隊、壘球隊選上。也因為愛玩又想成績好，只好讀書時全心全力，務必在短時間把書唸完，再趕快去玩，所以培養出無比的專注力。

沈啟（中）與同學合影

但這樣的方法終有失靈的時候，唯一一次是因為同時代表學校網球、籃球隊，常常出去比賽不在班上上課，每天不斷的訓練，回家後累得看到書就睡著了，那個學期成績大大退步，考了個第四名，每日忐忑不安深怕領不到清寒獎學金，幸好前兩名沒有申請，有驚無險地沒有被搶走獎學金名額。我嚇到了，下定決心改過自新，為了考驗自己的決心，特別搬張椅子坐在網球場對面讀書，面對球場你來我往的球聲，考驗自己毅力，管住自己不要去打球。

俠女基因

多年前有一次跟朋友的聚會，遇見一位年齡相仿的男士，他特別跑來跟我說，他說跟我小學時是隔壁班的同學，對我印象深刻，因為我小時候非常英勇。他說的這些事在我記憶當中非常模糊。

他說在民族國小那個時候男女分班，不知道發生甚麼事情，我們班跟他們班有一些爭執，他看見我就衝到隔壁班他們教室，完全不怕這麼多男生，就一跳站在他們桌上，跟他們說：「誰怕誰，要來打架嗎？」唉呀！這段往事當場經那男士提起，我真的一點印象也沒有，這個形象不太好的故事，是否要寫在這？那位男同學的名字我現在也想不起來。小時候這麼兇悍，自己也嚇了一大跳。

另外一次小學同學會，一位班上女同學告訴我另一個過了五十幾年的新故事。對她我是印象深刻的，小學同學當中，班上女同學一半以上都沒穿鞋子來上學。我們那個年代，幾乎沒有一個家庭是過得很好的，大家都非常窮困，很多同學小學畢業以後有的聽說沒一兩年就結婚，有的去唱歌仔戲，也有的去工廠做工。我爸爸在法院工作，雖然是基層的公務員，但是因為還有定期的糧食配給，雖然待遇也不好，但至少還餓不著。我們班上當時有一兩位同學就沒這麼幸運，尤其這位同學因媽媽長年被精神疾病所苦，不但完全沒辦法照料自己也沒辦法照料她，常常沒有飯吃，成績也不怎麼樣，看起來就是個不討喜的樣子。那時候小學升初中是個非常大的關卡，成績決定了很多事。

她說，有一次不知道發生甚麼事同學在吵架，老師認定是她做的，我正好就在她旁邊，覺得這個老師怎麼這麼不分青紅皂白，我馬上舉手說：「老師我看到不是她，她沒有打人！」老師反問我說：「那妳要不要替她挨打阿？」我說：「那有甚麼問題。」就上去被打幾板。小時候這些事情我都記不得了，她跟我說這件事，才知道我小時候就這麼大俠的個性。她一再說小時候對我家心存感激，我媽媽常常跟她說：「你餓了就來我家吃饅頭包子吧！」

在那個年代好多人生活窮困，不過後來大家的經濟都好轉，這些陳年往事，不曉得現在年輕的一代聽我們說，還能想像那時候的情形嗎？

高中學校生活平順，因為學業成績還不錯，運動也表現優異，當過幾次模範生也獲得教育部甲種獎學金（獎金一百一十元，必須學業成績平均九十分以上，操行、體育均優，才符合資格）。

高三那一年民國五十六年四月二十七日，我代表學校到臺中參加全省中上運動會，那時爸爸已經住院很久，出發前特別去醫院看爸爸，醫生說爸爸不會這麼快離開要我安心去比賽。但不知道為何當時看到爸爸眼淚就一直掉，坐在火車上，到了旅館當天晚上怎樣都睡不著，像有感應一樣，早上去田徑場的路上突然兩腳發軟，完全沒辦法走路，到田徑場時就接到電報說爸爸當晚已過世了。

香煙裊繞

四月二十七日父親過世，七月一日大專聯考，中間兩個月期間要辦理父親後事，家裡親戚不多，在出殯前每天我們三個孩子都輪流在靈堂守夜，聞著線香的味道。除了辦理後事還要讀書，可能太累了，鼻子上還長個大疔，整張臉腫得像豬頭一樣，鄰居介紹媽媽帶我到東市場去看一位阿婆醫生，這位阿婆說妳一

嘉義女中雙喜臨門
出了兩個大專榜首
沈啓黃希平榮譽歸母校

【嘉義訊】省立嘉義女中應屆畢業生沈啓、黃希平，分別榮獲五十六年度大專聯考乙組丁組榜首，昨（十六）日將這份殊榮帶回到她們的母校。

沈啓以五一三分考取台大外文系，她是省嘉女的體育健將；黃希平則以四九三分考取台大法律系，她每年當副班長，又奪過全省論文比賽冠軍，並常在聯副上發表小品文。

省嘉女校長談太僞昨天在接見這兩位得意門生時，顯得特別高興，她說：省嘉女高中部從本省光復到現在，畢業班已歷二十屆，今年是第一次在大專聯考中揚眉吐氣，未料到竟是「雙喜臨校」。

沈、黃兩同學昨天特別找到她們的級任導師蕭金堆和竇桂英；蕭金堆老師担任她們二人的地理課，她們的中外地理都得到九十多分。竇桂英老師敎她們英文，結果兩人的英文成績也都超過八十分。她們把這一切歸功於老師們的敎導有方。

圖為沈啓（右）黃希平（中）到母校謝師時，接受校長談太僞的道賀。（蘇錦章攝）

五六、八、十五
新生報

乙組榜首 沈啓

以總分五百一十三分成績，獨佔乙組「鰲頭」的沈啓，是嘉義女中的高材生。她除了在學業方面有優異的成績之外，同時也是運動場上的健將。沈啓初中是在嘉女唸的，由於成績特優，即直入該校高中。這時沈啓一方面在學業方面下功夫，同時也開始在運動場上嶄露頭角。高一時參加籃球校隊，高二上學期參加全縣運動會，獲得女子五項全能冠軍，高三上時，又獲得縣運會標槍亞軍。

沈啓的母親接受記者訪問時說：沈啓是個個性好強的人，當她高二下時，因一時疏忽，成績降列為全班第四名時。她萬分傷心的哭了。竟一連幾頓飯都吃不下去，其後發奮圖強，成績始終保持全班第一。

沈啓在參加聯考的前二個月，遭到一項沉重的打擊，她的父親沈光斗，因勞累過度，於四月間病故。

沈啓從而便挑起了家庭生活重擔，她現正在農林試驗所擔任臨時僱員，每天僅有十五元工資，但是她卻不得不勉力而為。

由於家境貧寒，沈啓正為未來入學時的巨額學費而擔心，她說即使學費一時湊出來了，家庭生活擔子，又由誰去挑呢？這位「女狀元」，並無「及第」的喜悅，反而感到茫茫然。

但是沈啓卻堅強的表示，無論如何，她一定要，設法讀完大學四年，然後找一份足以餬口養家的工作。她不敢奢言要留學深造，但她願志在大學畢業後犧牲自己學業前途，來栽培弟妹們及事奉母親。

沈啓全家都是虔誠的天主教徒，她說，雖然父親臨終的那天，她正代表學校到臺中去賽球，而未能見到父親最後一面，但她自母親口中得知父親在奉主召喚之前的剎那，仍不忘鼓勵她們姐弟力求上進，因此，她此次能以五百一十三分的成績獲得乙組最高分，該是父親鼓勵所然。

沈啓說，她看書沒有什麼訣竅，祇是在用功時，盡量用功，在運動時，盡量運動。

這是一位在困境中，力求上進的好學生。她的成功，足以做為全體學生的楷模。（吳木成）

當時有 17 篇報紙新聞報導黃希平和我得到聯考榜首的消息。

定能考上大學，一定要記得請客。十一月時臺大開學了，每天只要看到一點點燈光眼淚就會掉下來，鼻子一直圍繞著線香的味道。

七月一日前夕，去臺南考場前我特別去父親墳上，希望他保佑我。考試時很多題目沒時間做答，只好猜了好幾題，放榜時卻是乙組榜首，我想是父親在天上庇佑，加上考運不錯才有這麼好的成績。那年嘉義女中成績特別好，丁組榜首黃希平同學考上了臺大法律系，還有乙組第四名劉杏苑臺大外文系，丁組第四名國貿系，都是嘉義女中畢業生。當時嘉義女中有很多厲害名師所以大家都考得特別好。我在考乙組和丁組之間曾經猶豫不決，但我看父親長年讀書喜愛詩詞，又寫了一手好字，加上住在司法新村看太多因為貪汙或司法問題入獄的鄰居，所以老師雖然強力建議我讀法律系我卻完全不感興趣。

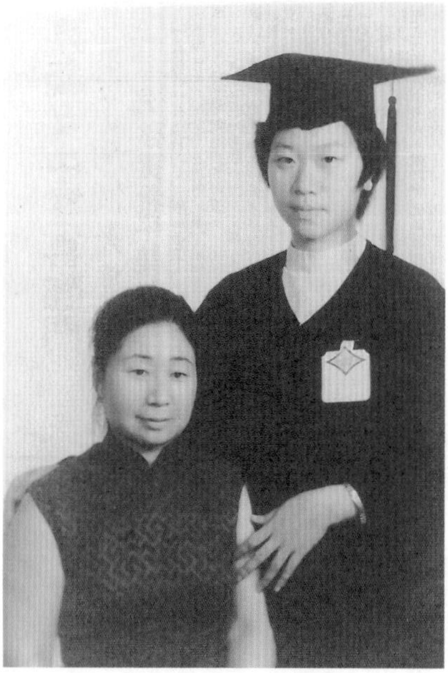

民國60年大學畢業和母親合影

我一直以為所有臺大學生都是苦讀出身的，到臺大時發現北部學生佔盡了優勢，我們那一屆有很多名人的子女，這才了解，人生來是不一樣的；很多人有好的教育環境和經濟條件更容易考上大學。小時候一直穿制服很少穿花衣服，為了讀大學，媽媽花不少錢臨時趕製的衣服也不太敢穿，頭髮因為自然捲又膨又亂⋯⋯。加上臺大外文系的課程跟自己想的不一樣，並不著重語文的應用，而是研究外國文學莎士比亞、但丁史詩，一時間很不適應，又因自己對西洋文化歷史認識不夠多，心裡其實更喜歡讀中國的文學和歷史。

那時我的室友是森林系的，當時她已申請到美國耶魯大學獎學金，我發現有獎學金可申請而且對自然保育生態有些興趣，大二就轉讀森林系。畢業前夕森林系出國獎學金申請不順，又怕拖累家人，只好先考研究所，同一時間剛好民航局也在登報招考，因為只考國文、英文、性向測驗，不用另外準備，趕快也去報考。後來同時順利考上民航局和研究所。

我當時當然不知道在民航局會認識另一半黃河明，組成家庭，真是人生命運，上天自有安排。

感恩有你

五十六年大專聯考僥倖考了乙組第一名，各家報紙紛派記者來家裡採訪。那時我只是一個十八歲的大孩子，從沒見過這等陣仗，真是嚇壞了！

由於報紙的登載，一時之間各地的捐款、勉勵紛至沓來。時隔快五十年，我一直沒有機會對這些曾經幫助過我的人，好好說聲謝謝！特別要藉這本書的出版感謝嘉義女中談太儁校長和老師們、同學們，爸爸上班的嘉義地檢處、法院的長官們、民權路天主堂、扶輪社、司法行政部鄭彥棻部長、中美教育基金會、幼獅書局……，由於你們的幫助，讓我的學業不致中輟；尤其感恩五福酸梅湯創辦人蔡福泰先生伸出援手，幫忙繳交學費，迄今無以回報。謝謝你們！

沈啟 敬上

【生活篇】

找到最能包容你的另一半

容貌會慢慢衰老，心靈卻可能漸漸茁壯。

大部分的女生總是希望嫁給一個會把自己捧在手心的男人，但等到結婚之後，才失望的發現先生經常忙於工作，真的沒心力把太太當成公主來照顧。我早早就明白，一輩子在一起的另一半，最重要的條件是有相同的價值觀，能長久與自己心靈相通。

我喜歡能夠和我知性談話的人，講話有內容才能令人折服，畢竟價值觀也比較容易看清楚，逐步接近。我自小獨立，養成注重實際的個性，不喜歡

攝於臺大椰林大道

聽人家盡是說些花言巧語，重要的是能不能完善規劃生活，掌握人生歲月。務實卻不失幽默的黃河明，正符合我心中的理想，既能夠相伴尋找生活樂趣，也可以陪著我品味人生智慧。

不想跟有個性的開戰？

我一直都很鼓勵年輕女生，要多花一點時間思考自己究竟喜歡什麼樣的人。每個女生都要知道自己的優點，要比美是比不完的，一定有比你更漂亮的，而且漂亮各有千秋，社會的審美標準把美的定義窄化，導致許多女生花時間追求外表的「美麗」。我覺得人看久了都會習慣，與其被讚美漂亮倒不如被發現有個聰明腦袋、溫暖的心。

我雖然長得不怎麼樣，但是運氣很好，年輕時談過幾段戀愛，和幾個不錯的男孩子交往。每一段的戀情都像是一堂寶貴的課程，讓我早早就知道心靈契合、思維相合才能擦出火花。所以一直建議女生不要太早嫁，年輕時不懂事啦！

我有過一位長得很帥的男朋友，年輕的時候覺得有這樣帥爆的男朋友很棒。每次出去只要有他在場，同學、女生都會紛紛靠攏過來，那時候他就像瓊瑤小說裡的憂鬱小生般夢幻。可是實際上真的在一起，發現兩人經常有衝突。看久了也不覺得他帥，後來慢慢了解衝突是因為二人真的不適合，年紀愈長越發知道兩個人的價值觀接近、思考能夠契合才最重要。容貌會慢慢衰老，心靈卻可能漸漸茁壯。人與人之間可不可以做朋友、有沒有緣分，其實都應該要花一段時間觀察，確定彼此能夠話題投機、價值觀相似，再看看有沒有進一步的可能。

劇本裡的王子，儘管多麼詩情畫意，都不是我心目中百分百的理想對象。愛情很難懂的真正原因，是因為人們還對自己不夠熟悉。在民國六十年代女生流行梳個馬尾，看起來楚楚可人而且溫柔婉約沒有個性，比較像是一位賢妻良母。我以前總搞不清楚為什麼那樣的女生比較吸引男生，後來才逐漸瞭悟，男生喜歡比較沒有個性、脾氣好的女生，我猜想這應該是他們在外面奔波了一天，回家總不想跟一個很有個性的人再開戰。

隨著生活的淬煉，我開始懂得人與人會相遇都是緣分，過去的戀情或者是現在的婚姻都很寶貴，相處是需要不斷的學習與調整。

一生之中，要選擇的或許正是在一起會感到特別自在的人吧，能夠欣賞彼此的不完美，正是婚姻高段班的風景。和黃河明在一起，我覺得最大的幸福是他比別人更知道我的特質在哪裡、我好在哪裡、我改不掉的毛病是什麼，最重要的是我們在一起都不需要假裝。合得來的那種浪漫是不同的，到了自在的境界才能在生活中創造快樂。我有些特別的習慣，像是喜歡在嘴裡含個花生唱著歌、吃飯吃得特別多、脾氣來時像一陣風，但是黃河明總是了解都不會計較。

每個人都應該選擇一個能夠讓自己的身心都自由的人，舒服與快樂才是最該在乎的事情。我記得有調查說，熱戀的感情溫度最多只維持三年！所以還是務實的過日子，多觀察體驗，這樣至少也比較知道自己要的是什麼。

我在臺大外文系一年裡看到很多美麗的校花級女同學，總是被很多男生簇擁著、包圍著。很多年後，發現她們婚姻路上不大幸福，原因是她們是被選上的而不是自己去選適合的對象。我常想有些時候主動一點沒有不好，所謂主動是說去了解，透過主動接觸對方，就會知道妳喜歡什麼樣的人。女生不要太被動，總是期待男生付出，要他載妳去哪裡、每天給妳送雞湯、等妳等到三更半夜⋯⋯；畢竟每個人都會累，什麼事過頭了就不好了。

要嫁給相處時特別自在的人。（民國 62 年結婚）

我希望每個人的目標都是成為一個裡外都兼具魅力的人，從生活中、記憶中的事物出發，去理解生活裡每一件事情的處理方式，用心感受人與人之間的綿密關係，生命裡值得珍惜的回憶，都需要時間與愛慢慢與發生的人、事、物共同醞造而成。

【生活篇】

運動讓生活多采多姿

運動選手不會在訓練時半途而廢，因為他知道這個難耐的過程會生出珍貴的能量，撐到最後，將會成就不一樣的自己。

運動是全世界的共通語言，即便是國籍背景、宗教信仰、興趣喜好不盡相同的人，也能因為運動而齊聚一堂，一個人擁有多種的運動興趣，生活也會更多采多姿，更是通往傑出的高速公路。

我大一同時參加網球隊、田徑隊，兩個球隊的成員來自各個科系，大家感情卻是非常要好。這表示各個領域的人，可以因為相同的興趣而結交到不同類型的朋友。跨領域的嗜好就像是生活中的潤滑劑，能平衡日常與工作兩大區塊；挖掘全新的興趣與嗜好會重新開啟一個人的好奇心，這就像是展開一場冒險，某些新的興趣則會磨練自己的天賦、或者是增加學習新知的能力；某些嗜好則會讓生活湧現更多新鮮感，很像是意外地找到第二專長，拓展多一點彼此相伴到老的人脈。投資自己的生活有很多種方式，除了在職場中培養專長之外，也應該試試讓自己成為一個多方位的「生活通識家」。

我們真的需要各個領域的朋友。我有時候開黃河明玩笑，他如果要看醫生一定要先徵詢我——問問我有沒有認識的醫生朋友（我有好多位嘉女同學自己學醫或嫁給醫生）。因為他認識的人，都和他的領域電子工程比較相近。一般情況都是你念文組，朋友多半都是文組的；熟悉理科的人，也會跟理組背景的人混在一起。我看經營生活與工作，都應該秉持著別把雞蛋放在同一個籃子裡的信念，每一天都應該保留一點時間，帶著好奇心觀看生活，充滿無比的好奇，鍛鍊生活雜學，才能找到更好的自己。

我的運動習慣在進入職場後並沒有消退，在民航局一直是民航局的女子網球代表隊，參加了多次交通盃。透過比賽，不知不覺也認識越來越多的人。我跟黃河明認識也是因為運動。他除了喜歡打籃球之外，也會打網球，有一次我看他在跟女生打網球，看起來那些女生不大會打，我就自告奮勇跟黃河明說「我會打，我來跟你打！」就這樣跟黃河明結下了美好的緣分。

練球讓我容易敞開心房，許多時候團隊比賽很難一下子就湊齊人數，因此若是在球場中遇見陌生人時，簡單的問對方一句「我可以跟

在民航局成為一對戀人

你們一起打嗎？」就有機會和對方相識。就算對方是來自異地的朋友，但禮貌性的問候，也會很輕易的就搭起友誼的橋樑。運動培養出我不怕生的交友觀，更鍛鍊出交際手腕，在任何情況之中總能神態自若，即使身處國際場合也能氣定神閒和他人暢談。

我在讀嘉義女中時就愛運動，隨時兩眼發亮，精力旺盛，除了作功課在書桌前，課餘就加入躲避球隊、排球隊，網球隊及田徑隊。身強體壯很耐操，不太容易累，曬得黑黑的活脫南部女孩子的典型。我從來不怕費體力的工作，總是能精神抖擻的面對，而且運動讓我吃好睡好，不管讀書做事都能更專心，有毅力。

運動除了可以釋放壓力、維持體力以外，最重要的是培養出堅毅的個性，運動就像磨練心智的基本功，透過揮汗的練習，進而重新認識自己的身體，也理解到身體的壓力承受度與靈活度。身心事實上是緊密相連、密不可分的，肌肉經運動後所承受的壓力，同時正在培養肌肉的耐力，甚至會更深層的訓練到日後做事的堅定毅力，當身體漸漸茁壯，內心的力量也越變越強大。

許多時候人們只關注到運動健將奪得冠軍的那一刻，但在此之前數不清的寒冷清晨，別人還在被窩睡得正香，運動員卻早就開始進入魔鬼訓練。運動久了真的讓我養成做事不容易放棄的信念。我常常認為事情一次做不成沒有關係，再做第二次、第三次……不斷的繼續嘗試就好，雖然有些時候真的非常辛苦，但還是會咬緊牙關繼續做。回憶起當年的自己，我認為都是因為不錯的身體狀況造就的毅力，使我在職場上擁有比別人還多一些的意志力與抗壓力，不輕易放棄。

59年5月19日臺大第十九屆運動會第二名獎牌，錢思亮校長頒贈

運動家精神就是遇到挫折還是會繼續堅持下去。運動選手不會在訓練時半途而廢，因為他知道這個難耐的過程會生出珍貴的能量，撐到最後，將會成就不一樣的自己。放棄的藉口很容易找到，能堅持到最後關頭，不但會認識自己懶惰的一面，也會認識自己堅強的一面，理解自己就更能駕馭自己。

回想起來，嘉義女中有很多同學各方面都很優秀，有的是文學底子深厚得了全國語文比賽第一名，有的是特別擅長演講；我能夠脫穎而出，應該是由於運動細胞比較發達。也因為這樣，課餘參加過非常多的運動會。年輕的我因為好奇心和好勝心都強，在比賽中與對手切磋的過程，也難能可貴的學習到如何面對成功與失敗，如何超越自己。

籃球、網球、田徑與標槍

【本報記者劉德仁專訪】本次大專聯考乙組榜首是省立嘉義女中的應屆畢業生沈啟，現年十九歲，江蘇省灌雲縣人，奪魁總分五一三分。

沈同學參加聯考的第一志願是臺大外文系，各科所獲分數是地理九十六分，歷史九十三分，三民主義八十四分，英文八十一分，國文七十五分，數學六十五分。

這位乙組榜首小學畢業於嘉義市民族國民學校，初中考入省立嘉義女中後，因為讀書認真，成績年年名列前矛，畢業時，曾獲校方直升高中部就讀。

她在學校不但功課好，而且運動方面也很有成就，課餘之暇，喜愛籃球、網球、田徑等體育活動，曾經榮獲第一屆全省中小學聯運，及第十四屆嘉義縣運的五項比賽冠軍，並且連續蟬聯了三屆標槍亞軍，由於她還是學校籃球校隊的主將，所以幾乎全校的師生都認識她。

關於這位榜首讀書的情形是，她每天早上清晨六時卅分就趕到學校自修，獨自一人在校園的僻靜處看書。

大約升旗前二分鐘，她才進入教室，準備和同學一起出去升旗，每天中午，在教室內小睡片刻，然後又帶著書本到校園內溫習，下午放學，同學都相繼離校，但是她仍待在校園內讀書，等到太陽下山，看不見書上的字的時候，才揹著書包回家。

晚間，沈同學九點以前就睡了，她讀書不喜歡開夜車，晚上睡得早，而早上起得更早，也許清晨四點左右，她已經開始攤開書本，聚精會神的做功課了。

（節錄自五十六年商工日報第三版）

在運動場上，我體會這是一個只有第一、沒有第二的地方。運動場與職場有眾多相似之處，兩者皆需要靠著堅強的意志力朝著目標前進。在運動場上，選手追求的是勝利與破紀錄；在職場上，每個人追求的則是突破困難、達成任務的目標。無論是運動場上、職場之中，也都會遇上想放棄的片刻，但最重要的不是細數放棄的念頭，而是再一次地找到勇敢往前走的那股信念。

臺灣知名運動家林義傑曾說：「運動久了會領悟到，生命的階段不是每次都要得名，反而是能不能再進步，你的理念可不可以再實現和實行。」許多時候往前的動力是心理影響生理，心底秉持的那股信念，會刺激人們繼續向前邁步，找回初衷。在職場上也是，面對困難所滋長的壓力，就像是運動時的肌肉痠痛，心裡願意接納那股壓力，很自然地就能跟身體共鳴，繼續往前。

運動就和人生一樣，在上坡的道路雖然辛苦，但到達了頂峰卻會有無比的成就感，下坡雖然看似較為輕鬆，相對的也較容易受傷。學習駕馭自己的身心，就能突破更多生活課題。

任何習慣都隱藏著一個選擇的道理。無論何種微不足道的習慣，靠著日復一日的堅持，就能提煉出自己的生活哲學。舉例來說，平日的運動習慣，就能鍛鍊一個人的意志力與心智，長久的耐力訓練與敏捷度、柔軟度的培養，能幫助一個人逐漸掌握自己的身體與心靈。臺灣極地超級馬拉松選手陳彥博曾說：「心沒有放棄，身體就會追隨」。運動，是讓心靈更靠近身體的一種生活方式，日復一日的鍛鍊，將能陶冶出永不放棄的意志力，而這股意志力能跨越各種困境。

許多研究與實驗，都間接證明了意志力決定一個人的做事態度，意志力越堅定的人越能朝著理想與目標前進；意志力薄弱者，則容易在過程中半途而廢、垂頭喪氣。而意志力是與身俱來的嗎？或許某些人真的天生就擁有過人的抗壓力與耐力，但對多數人而言，意志力是需要長期鍛鍊，就如同體壇發光發熱的運動員一樣，得克服疲憊、堅持不懈，最終才能達成目標。

不過，若是存心以拓展人脈為目的，而企圖逼自己去運動或是擠身交際場合，日久就會疲於奔命。培養多元的興趣，一定要是真心喜歡，做起來才會更加投入也能有成績。從二十、三十歲開始，我跟黃河明固定一個禮拜打兩到三次的球，我們習慣去臺大網球場或是太平洋聯誼社。有空我們會帶著兩個兒子一起去，教他們怎麼運動。

我一直覺得人不能只會工作，而沒有運動。我的兩個兒子從很小開始，我們就會帶他們到大佳運動公園旁邊的湖濱網球場去，也特別請教練教他們練球；那時都還沒開發他們音樂之類的才藝，先養成運動的習慣。等到兒子們越長越大之後，去了北歐或者大陸工作，都還是保有對運動的熱情，打球也成為

相聚在球場。左起黃河明、河明父親、親家與沈啟。

民航局網球代表隊合影（沈啟在第一排左二）

他們日常生活中的一部分。正所謂無心插柳柳成蔭，當初培養這些興趣的時候，並不會知道這些嗜好會讓生活變得更有樂趣，或者擁有更多的人脈。興趣所衍生的效益，事先無從預料，回報也意外的比想像中還多。

【生活篇】

聆聽身體的聲音

不要仗勢年輕，每個人都應該早點踏上養身之路

我從小養成早睡早起的習慣，即使考試在即也絕少開夜車，規律的生活是我的養身秘訣。我習慣清晨五點起床，平時晚上大約九點左右準備就寢，遇上交際應酬的時刻也會督促自己，最晚不超過十一點躺在床上，數十年如一日。

身體就像一臺龐大且精密的機器，長期操作與運轉難免螺絲會鬆脫、零件會損壞，因此要定期的活動，保養身體上每個大小零件，別讓身體生鏽。我還記得照顧公公後面的那幾年，因為他已經不太方便自己活動，所以我們就會替他按摩，按摩一陣子後，就會發現他身體開始舒緩柔軟，臉上的表情就更平和了！

民航局的工作壓力大，在民航局擔任總臺長時，為了紓解同仁的壓力，我特別委託心理諮商所為航管同仁作壓力測試，也找了臺安醫院專家，來講解關於如何放鬆的議題，向同仁說明舒解壓力的重要性、鍛鍊身體的好方法。我一直覺得學校裡面教導的東西都很基本，每個人還需要了解最根本的法律常識，以及

保養身體的課題。

身體是工作的基礎，擁有健全的身體才會有強壯的意志力，一些人仍用熬夜加班的方式處理繁務，即便工作有成，但卻也隱隱為自己的身體帶來了傷害。我也是從專家演講中聆聽祕訣進而落實在生活，像是冬天泡腳，就是貫徹活絡血液的道理。許多日常保健的習慣其實是舉手之勞，養成容易，多花心思在身體上，就能為體內創造更多正向循環。

民國 90 年 4 月汶萊 APEC 會議。

我們無時無刻都在呼吸，每天要呼吸兩萬多次。我特別去學過淨化呼吸法，藉由呼吸來淨化身體。吐氣代表著吹出對身體不利的混沌之氣，吸氣則是將新鮮的空氣流通於身體之中。這段呼吸的旅程，靜定的能量都會凝聚在心中。我也推薦腹式呼吸法，放慢吸氣的速度，將氣體全都吸入腹部，吐氣時再把聚集在丹田的氣吐散，最重要的是專注在呼吸的當刻，聆聽身體的聲音。

我曾經腳痛到無法走路，看了兩、三個醫生，被診斷出罹患了退化性關節炎，即使按時吃藥卻一直沒有好轉，後來換了醫生重新再檢查，才知道原來是脊椎出了問題，要靠物理治療才可以改善。後來是靠著平甩功、快走、打球，拉單槓與做伸展體操才將脊椎的問題改善。

我對飲食有一些堅持。平時我的廚房原則就是少肉、多攝取青菜和水果，提醒家人注意水分補充，最好是溫水或檸檬水，少吃冰。早在兩千多年前，老祖宗的智慧就提醒著歷代子孫注意衛生、飲食與健康的重要性。孔子說過：「食不厭精，膾不厭細。」這段話意思正是在講述一個人飲食習慣的關鍵之處。

我家的早餐會選擇新鮮的堅果和枸杞搭配麥片，再加上溫熱的白甘蔗檸檬汁，幫助身體酸鹼平衡且可達到化痰的效果，榨完汁的檸檬皮也會特特意留下來備用，洗乾淨的檸檬皮可以帶進辦公室，放進沖泡好的熱紅茶中，一方面不浪費水果的營養，也能攝取檸檬皮內含的豐富微量元素，增加新陳代謝。

不要仗勢年輕，每個人都應該早點踏上養身之路，將每天的飲食都變成健身良藥，走在輕鬆的健康之路上。

【生活篇】

人生，就是修練與學習

懂得生活的人是幸福的。

人生本來就不容易，要想平衡工作與生活更是一大課題。對於職場的新生代而言，工作與生活不再有明顯的界限，許多人想從這兩者之中取得一個平衡，但事實上工作本來就是生活的一部分，只要作的是喜歡的事情，自然會融入其中。刻意比較兩者的比重，只會發現永遠都不會達到令人滿意的平衡。

人生的不容易，不只是工作，生活也是，家家有本難念的經，每個人都有自己的責任。譬如說：父母親的身體需要照顧、小孩的學業、先生的工作……，生活中有很多事情要承擔，但這就是人生。

我認為童話故事在現實中是不太可能成真，但我不會覺得這樣就是苦命人生，我把現實生活當成本來就應該學習和歷練的。心念變，人生轉；念頭一轉，人生也跟著轉。面對工作謹記初心猶在的道理；面對生活切記將心比心。人在世間其實就是在修煉自己。每個片刻都是學習，生活若是如常平順，其實不會學到什麼東西。挫折可以是一種偉大的平衡，會讓人們正視自己的關卡，人生並沒有成功模式，只有不斷的嘗試。

每個人多少都會遇到挫折或挑戰，年少輕狂之時因為不太懂得處理，總有許多跟自己過不去的地方。等到年歲增長、時機成熟之後，才恍然大悟當初所發生的事件其實催生了更成熟的自己。

我一直喜歡勸年輕人，常識 common sense 要多學一點，不能老是對許多事一無所知，對生活要細細感受、體會，也就是說平常的日子要懂得過生活。我再說：懂得生活的人是幸福的；過往用心生活的痕迹和酸甜苦辣，讓你回首來時路時露出滿足的微笑。人生的前半段，很像是一段沈潛的灰暗時期，慢慢探索，越走越光亮，終於經驗到有趣的人生。

法國雕刻大師羅丹說：「世界不是缺少美，而是缺少發現。」別輕易的認為年輕的時光已經逝去，要知道今天的自己永遠比明天的自己更為年輕，老成的心態是消磨熱忱的殺手，每天都用好奇、沒有設限的眼光看世界吧，現在的生活，會比當初預想的更豐富、更滿足而踏實。

人生就是要解決問題，無論身體病痛、工作上的困難或是家庭的煩惱等，都是生活的一部分。四十多年前我不會想到自己未來會成為民航局的第一位女性局長，也不會知道那個男孩子氣的自己，竟有機緣參與兩代航管、自動化系統 ATCAS 與 CNS/ATM 自動化系統的建置，將臺灣飛航推昇到新的世代。最後兩年半任期處理兩岸航權談判、國際油價升高票價調漲，廉航崛起等此起彼落的航空議題，而最高興的莫過於在睽違了四十二年，以貴賓身份參加國際民航組織 ICAO 的第三十八屆大會！感謝上天的眷顧，也感激

104 年 1 月 16 日我屆齡退休，揮別半生所愛崗位，前往另一段金色歲月。

生命中所經歷過的每個貴人。

附錄 大事記年表

38

- 38 年 8 月
  沈啟出生
- 44 年 9 月至 46 年 6 月
  就讀嘉義林森國小
- 46 年 9 月至 50 年 6 月
  就讀嘉義民族國小
- 50 年 9 月至 53 年 6 月
  就讀嘉義女中初中部
- 53 年 9 月至 56 年 6 月
  就讀嘉義女中高中部 (直升)
- 56 年 9 月至 57 年 6 月
  就讀台大外文系肄業
- 57 年 9 月至 60 年 6 月
  就讀台大森林系學士

60

- 60 年 8 月
  考入民航局
- 60 年 8 月至 61 年 2 月
  飛航管制員
  飛航管制訓練
- 61 年 2 月至 65 年 7 月
  臺北區管中心管制員
- 61 年 9 月至 65 年 6 月
  就讀台大森林研究所碩士
- 62 年 6 月
  與黃河明先生結婚
- 65 年 2 月
  長子出生
- 65 年 7 月至 72 年 1 月
  兼電腦中心系統分析師
  維護航管系統
- 67 年 3 月
  次子出生

70

- 72 年 2 月至 78 年 5 月
  兼副工程師 , 正工程師
  航管系統十年發展計畫
- 76 年 9 月至 79 年 6 月
  政大科技管理班
- 78 年 5 月至 81 年 3 月
  兼系統組組長
  航管系統十年發展計畫
- 79 年 9 月至 81 年 6 月
  政大企業研究所碩士

- 101 年 7 月至 104 年 1 月
  民航局局長
- 102 年 9 月 24 日至 102 年 10 月 4 日
  參加 ICAO 第 38 屆大會
- 104 年 1 月 16 日
  屆齡退休

104

90

- 90 年 11 月至 91 年 7 月
  民航局主任秘書
- 91 年 8 月至 96 年 7 月
  民航局航管組組長
- 96 年 7 月至 101 年 7 月
  民航局飛航服務總臺總臺長
  執行 CNS/ATM 計畫

- 87 年 1 月至 87 年 7 月
  中正航空站二期航站接管小組執行秘書
- 87 年 7 月至 90 年 11 月
  民航局助航組組長
  全國助導航設置規劃
- 88 年 7 月至 88 年 8 月
  第二期行政院女性領導班 (88 年 7 月 19 日 - 8 月 13 日)

- 85 年 2 月至 86 年 11 月
  中正航空站企劃組暨資料中心組長
- 86 年 11 月至 87 年 7 月
  中正航空站副主任
  督導企劃資訊航務業務

80

- 79 年 11 月至 82 年 4 月
  民航局航管組技正
  航管系統建置，未來規劃
- 82 年 5 月至 85 年 1 月
  民航局航管組科長

Z000114
從聯考狀元到公務員－沈啟的民航奇緣
作　者：沈啟
策劃撰稿：胡芳芳、殷千晨
執行編輯：李琳琳、胡家碧
美術編輯：新生命資訊服務股份有限公司 黃書瑋
出版者：新生命資訊服務股份有限公司
地　址：106 台北市大安區信義路四段六號 11 樓之 3
電　話：（02）8751-5350
傳　真：（02）8751-8582
網 址：http://www.nlis.com.tw
總經銷：時報文化出版企業股份有限公司
電 話：(02) 2306-6842
地　址：桃園市龜山區萬壽路 2 段 351 號
出版日期：2016 年 10 月初版一刷
　　　　　2016 年 11 月二版
定　價：新台幣 350 元

國家圖書館出版品預行編目 (CIP) 資料

從聯考狀元到公務員：沈啟的民航奇緣 /
沈啟著 . -- 二版 . -- 臺北市：新生命資訊服務 , 2016.11
276 面；17X22 公分
ISBN 978-986-93781-0-9(平裝)
1. 沈啟 2. 回憶錄 3. 公務人員
783.3886　　105018798